福爾摩沙．美麗之島

1910-20 年代西方人眼中的臺灣

Formosa the Beautiful

Alice Josephine Ballantine Kirjassoff
Harry Alverson Franck

目次

福爾摩沙·美麗之島
Formosa the Beautiful

目次

日本與福爾摩沙一瞥：福爾摩沙部分
Glimpses of Japan and Formosa

書系總序 寫在出版之前

林志明
國立臺灣美術館館長、臺北教育大學藝設系教授

「旅行即是擁有世界。」美國 Burton Holmes（1870-1953）曾被譽為二十世紀偉大旅行者，他認為經由旅行，可以更完整、更令人滿意地擁有世界，更甚於透過購買或征服。

Holmes 這樣的觀念在今天是受到挑戰的。他認為旅行者的擁有並不自私，他不會奪取任何事物，也不會有人因為他的旅行變得更窮困。今天的旅行研究談論「帝國之眼」，也就是說談旅行者如何以他們既有的意識型態來觀察和評價眼前事物；而觀光的盛行，也使人警覺於它的資源掠奪性──觀光客所需取用的資源，往往數倍於當地人士。

螳螂捕蟬，黃雀在後。觀看者在今天也是被觀看者。和遠足文化龍傑娣總編輯共同規畫「見聞‧影像」書系，基本的信念既不在推動旅行文學，也不在提供臥遊觀覽的樂趣。雖然並不排除以上的文類和可能效果，但書系提供更多的是史料、文獻、考察和發現。

書系首先著重的一個特點是個人親身的踏查和經歷，雖然在實際的情況中，一位認真的旅行者總是閱讀著其他人的書寫或是歷史上累積下來的資料。而且，它們大多具有壯遊或踏查性質，而不是一般性質的旅遊。這種親歷現場的特質，使得書系中的作品，往往是具有和大歷史對抗意味的「小歷史」或是個人歷史。

書系的另一個特點是我們會偏好出版富於影像的書籍。這是因為，如果親歷現場者寫出了他們的小歷史，影像又是另一種不同的記載和表達媒材。我們相信，它們不只是文字的插圖，而是自有其意義深度的事物。基於這樣的信念，書系中甚至希望多包括具有拍攝目的旅行、物件收集和地誌探查。

比如作為系列第一本出版作品的歐文‧魯特《1921 穿越福爾摩沙》，作者為英國皇家地理學會及皇家人類學會會員，並曾具有軍人、殖民地官員、學者和作家等多種身分，也曾在南洋地區長期居住和經營農園。魯特曾在一九二一年四月三日到十一日之間訪問臺灣，他由高雄上岸，一路北上經臺中、臺北由基隆搭船前往日本。在臺灣，這部著作過去只有翻印的英文版通行，《1921 穿越福爾摩沙》是首度翻譯的中文版。他對於當時已受日本殖民經營二十五年以上的臺灣所做觀察和評論，帶有一老牌歐洲殖民帝國觀看一新興殖民帝國之經營櫥窗的意味，在近百年後的今天讀來反而像是一被觀察的觀察者。由他著作中，也可看到他如何引用過去許多與臺灣相關的英文著作及由荷、日文譯為英文的資料和書籍。魯特這本著作配圖不多，但其中仍有不少具有歷史興味之處：比如在訪問臺南時書中配有鹽田製鹽的照片，是臺灣產業史中的一頁，而同一頁留下的「雙體船」影像，則和一八七一年蘇格蘭攝影家約翰‧湯姆生來臺所乘坐藉以靠岸的型制一樣，前後五十年並未改變。魯特來臺參訪時間不長，但對日本殖民中期的原住民（理蕃）政策，或是對漢人政治地位訴求問題皆提出不同於日本統治者的見解，作為個人踏查及見聞的小歷史，已足供後世參考。

書系出版的第二部著作是臺灣當代藝術家高俊宏的《橫斷記：臺灣山林戰爭、帝國與影像》。高俊宏來自視覺藝術創作背景，二〇一七年甫自臺南藝術大學藝術創作理論研究所取得博士學位。他的作品以錄像、身體實踐與書寫為媒介，主要

關注歷史與生命政治、社群與諸眾、冷戰與東亞和新自由主義在臺灣等議題。二〇一三年他開始展出「廢墟影像晶體計畫」，是透過身體勞動進行歷史踏查，投射出新自由主義在臺灣的相關議題。高俊宏在二〇一五年完成「群島藝術三面鏡」套書《小說》、《諸眾》、《陀螺》榮獲文化部金鼎獎獎勵，是臺灣當代藝術家展開大量書寫及運用出版的傑出範例。在《橫斷記》這本書中，他以進入田野及實地踏查為方法，越「大豹」、「眠腦」、「龜崙」、「大雪」四個山區，探尋泰雅原住民大豹社與日本殖民政府隘勇線的淹沒歷史、宜蘭眠腦山區（舊太平山）日本時期建立的檜木砍伐及森林鐵路運輸系統、樹林區旁古「龜崙嶺」白色恐怖受難者躲藏山區但最後遭捕殺的故事、及臺中東勢大雪山美式林場背後的龐大系統。這些往往不為大歷史所記載的小歷史，其所承載的意識型態詮釋潛質，高俊宏以口述回憶、文獻檔案、影像紀錄加上實地踏查，一層一層地將其辯證性地揭開。

接下來的《再見海南島》一書為張子涇（1921-2010）的回憶錄，主要的內容是他本人在二戰後在海南島成為戰爭囚犯，如何經歷各種苦痛及拋棄，終於能夠回返臺灣的故事。這是一段臺籍日本兵的創傷經驗回憶，然而因為這樣特殊敏感的身分，此書先是在日本出版。對這次推動中譯的長榮大學臺灣研究所副教授天江喜久而言，原書在一九八四年出版，年代處於臺灣解嚴之前，令人驚訝。海南島大小與臺灣相當，外形「就像漂浮在水上的馬鈴薯」，但對於它的歷史及它和臺灣的關係，一般人知道得很少。《再見海南島》是個人回憶的書寫，但它也補足了官方大敘事中的許多缺漏，彌足珍貴。本書並附有作者日本友人太宰信明的手繪插畫，以形象的方式生動地刻劃了這段個人歷史中的各個重要時刻。

這本最新加入系列的譯著《福爾摩沙‧美麗之島：1910-20年代西方人眼中的臺灣》，其中第一部分是曾在臺停留長達

三年的美國駐臺北領事夫人愛麗絲為《國家地理雜誌》撰寫的報導〈福爾摩沙‧美麗之島〉，出版於一九二〇年三月。由於愛麗絲的領事夫人身分，她因而也較能獲得臺灣總督府的信任，可以得到許多交通、產業（茶、糖、尤其是樟腦）、原住民相關的資料與第一手影像圖檔，也使一九一〇－一九二〇年左右日本在臺灣治理，得以透過《國家地理雜誌》的報導傳播到世界各個區域。除了深具歷史意義之外，愛麗絲也是系列中第一位女性作者。她的書寫帶有更多感性成分，比如在報導開端她便書寫著「我永遠忘不了住在大稻埕的第一個夜晚」其中吵雜難眠的情況，後來判斷這或許與美國駐臺北領事館的搬遷有關。

同書第二部分是有「漂浪王子」之稱的哈利‧法蘭克所著的《日本與福爾摩沙一瞥：福爾摩沙部分》（出版於一九二四年）。不同於其他外國訪客從日本本土到達北方的基隆，或直達南方的高雄，哈利是從日本內地進入朝鮮、滿洲、中國，而後跨越海峽進入臺灣。哈利的寫作方式是試圖透過自認不帶感情的態度、不做修飾地記錄自身印象和體驗，但他其實仍保持著大眾旅行作家的風采。本身是美國德裔移民後代的哈利對民族與文化的比較與評價特別感到興趣。對於日本這個正在東亞興起的強權，他的描述與評價帶有矛盾的情緒，既加以鄙夷又忍不住稱讚。對於臺灣原住民族，哈利同樣著迷，並且提出他們日本南方島民難以分辨的看法，甚至進而大膽推論出臺灣原住民與日本人，具有共同的南方來源。

「見聞‧影像」這個書系出版規劃雖以臺灣為主，但並不侷限於此，比如現今這部哈利的作品即涉及日本，也包括之前海南島臺籍日本兵戰後遭遇回憶為主題的著作和未來將要出版的滿洲國主題相關的書籍。在邀請大家期待的同時，也歡迎相關提案。

美國駐臺北領事夫人愛麗絲的臺灣見聞錄

蔡錦堂（師大臺灣史研究所退休教授）

一、愛麗絲與美國駐臺北領事丈夫馬克斯・柯潔索夫

搭乘日本橫濱市的根岸線地方鐵道，在山手驛下車後，走上出口左前方的斜坡，就可以看到寫著「橫濱市根岸外國人墓地」的指標。位於橫濱仲尾台小山岡的這個外國人墳墓區，埋葬著從一八六○年代橫濱開港以來，因疫病等而命喪日本的許多外籍人士，其中也包括一九二三年九月一日關東大地震時死於橫濱的、當時美國駐橫濱總領事代理馬克斯・大衛・柯潔索夫（Max David Kirjassoff），以及他的夫人——這篇〈福爾摩沙・美麗之島〉（"Formosa the Beautiful"）臺灣見聞錄的作者愛麗絲・約瑟芬・包蘭亭・柯潔索夫（Alice Josephine Ballantine Kirjassoff, 1889.12.4-1923.9.1）。他們的墓石上刻著：IN LOVING MEMORY OF MAX DAVID KIRJASSOFF. AMERICAN CONSUL AND ALICE BALLANTINE KIRJASSOFF。

馬克斯・柯潔索夫是俄裔美國人，一八八八年出生於俄國，父親是鐘錶製造技師。馬克斯・柯潔索夫從耶魯大學畢業後，便踏入外交官的世界，並在美國駐東京的大使館擔任翻譯官。具有深厚文化教養的愛麗絲一八八九年出生於印度，祖父是傳教士。一九一四年馬克斯・柯潔索夫與二十五歲的愛麗絲結婚，並被派駐臺灣與日本兩地。

横濱市根岸外國人墓地

一九二二年馬克斯·柯潔索夫被調往橫濱，隔年的九月一日卻不幸遭逢震度六的關東大地震。東京與橫濱兩大城市因地震與火災，遭受重大破壞，單單橫濱即有兩萬三千多間房屋倒塌，死亡人數超過兩萬四千人，死者多為地震之後發生的大火所燒死，愛麗絲以及馬克斯·柯潔索夫也是因為無法逃過大火而死亡。震災時，位於橫濱日本大通的美國領事館倒塌，愛麗絲被壓在瓦礫下，幸賴馬克斯與友人的挖掘援救而逃過一劫，但是因附近大火延燒，他們選擇往橫濱海岸方向逃走，卻不幸遭火舌吞噬，享年三十四、三十五歲。他們有兩位小孩，大的當時才七歲，似乎逃過劫難，但之後詳細情形不明。

二、《國家地理雜誌》一九二〇年三月號的福爾摩沙報導

愛麗絲的報導著作〈福爾摩沙·美麗之島〉發表於一九二〇年三月號的《國家地理雜誌》（*National Geographic Magazine*）。

眾所周知，《國家地理雜誌》創刊於距今一百三十年前的一八八八年十月，是在該年一月美國三十幾位會員所創立的、「以增進普及地理知識」為宗旨的非營利科學與教育組織──美國「國家地理學會」（National Geographic Society）的機關誌。該雜誌內容顧名思義是以調查介紹世界各地的地理為主，但也及於人文、歷史、文化、風俗、時事等領域；特別是該雜誌的文章內容，配合大量的攝影圖片，並加上說明文字，使讀者易於親近並較能清楚了解介紹的內容。早期攝影照片部分由當地國家政府或機關所提供，後來大部分是由該雜誌的特派攝影記者所拍攝，他們有時須冒著生命危險，扛著重大攝影器材上山下海拍攝各類影像，因此到今天為止已留下許許多多經典的攝影作品，並傳遞了眾多精彩故事。一九八五年六月號《國家地理雜誌》封面上，披著朱紅色破舊衣服與頭巾，張著一雙青綠色眼眸，面對戰爭情境露出滿

美國領事馬克斯·柯潔索夫與夫人愛麗絲的墓石

臉驚惶的「阿富汗少女」無聲勝有聲的影像，只是其中的經典作品之一。

一九二〇年三月號刊登的 "Formosa the Beautiful" 是《國家地理雜誌》創刊三十多年來，第一次以臺灣作為報導的對象，撰稿者即是美國駐臺北領事馬克斯·柯潔索夫的夫人愛麗絲。根據美國駐臺領事館檔案，馬克斯·柯潔索夫大約在一九一六年九月左右擔任美國駐臺北領事，他的前任是 Edwin L. Neville，一九一九年九月左右在馬克斯·柯潔索夫任期結束之後，美國駐臺北領事改由 H. B. Hichcock 擔任，亦即馬克斯·柯潔索夫擔任美國臺北領事的任期約是一九一六年九月至一九一九年九月這三年期間。根據美國駐臺領事館檔案，馬克斯·柯潔索夫與臺灣總督府的官員，例如殖產局長高田元治郎、總督府事務官加福豐次、鎌田正威、臺北廳長梅谷光貞、學務部長隈本繁吉、甚至當時總督之下最高階行政官的民政長官下村宏都交好，且有書信往來，他們在日文公文書方面，都以日文片假名「マックス・デー・ギリヤソフ」稱呼 Max David Kirjassoff。因此，愛麗絲替《國家地理雜誌》撰寫的報導內容，應當是愛麗絲以美國駐臺北領事夫人的身分，於這三年期間在臺灣走透透所觀察分析報導的臺灣訊息，而在一九一九年九月愛麗絲夫婦離臺後的一九二〇年三月始被刊登出來。因為她的領事夫人身分，推測愛麗絲也較能獲得臺灣總督府的信任，而能從官方取得、或由官方提供許多交通、產業（茶、糖、特別是樟腦）、原住民相關的資料與第一手影像圖檔，也使一九一〇至二〇年左右日本統治臺灣的狀況，得以透過《國家地理雜誌》的報導傳播到世界各個區域。可惜的是，一九二三年九月的關東大地震，造成愛麗絲和她的外交官丈夫英年早逝，《國家地理雜誌》對日治時期臺灣的報導就此幾乎絕響，直至一九四五年始由愛麗絲的哥哥、也是外交官的約瑟夫·包蘭亭（Joseph W. Ballantine）撰寫另一篇有關戰爭期間臺灣的相關報導。

三、愛麗絲「福爾摩沙‧美麗之島」的年代

我們在閱讀愛麗絲的報導內容時，有必要也對她觀察臺灣、撰寫此篇文章時的年代作基礎的了解。愛麗絲與夫婿馬克斯‧柯潔索夫到臺灣來就任美國駐臺北領事的時間大約是一九一六年九月至一九一九年九月，因此她所觀察到的臺灣應該就是這一段時期的臺灣紀事。她在報導前端「讓惡靈遠離臨終者的音樂」一節中，寫著「我永遠忘不了住在大稻埕的第一個夜晚」（頁四十六），描述的應是初到臺灣時首先住宿的、當時位在大稻埕千秋街（今貴德街）華利洋行（Filed Hastus & Co.）內的美國「臺灣領事館」，因此愛麗絲有了和臺灣最初的邂逅——難以忘懷的吵雜夜晚。愛麗絲夫婦到臺灣兩個月後的一九一六年十一月，美國「臺灣領事館」改名為「駐臺北領事館」，並從大稻埕遷移到較為安靜的日本人街「大正町二丁目」（約在今長安東路；一九二六年十月再遷到今中山北路二段的「光點台北」處）。美國駐臺北領事館的搬遷，是否與快把愛麗絲逼瘋了的「大稻埕第一個夜晚」經驗有關未能知曉，總之兩個月後臺北領事館終於從臺灣人聚集區的大稻埕，搬遷至紀念大正天皇即位的新日本人街區「大正町」。

一九一六年九月至一九一九年九月期間正好是第六任臺灣總督安東貞美到第七任明石元二郎的時期。歷經第四任總督兒玉源太郎‧民政長官後藤新平的基礎建設（包括對平地漢人的武力鎮壓），以及第五任佐久間左馬太的原住民討伐，到了安東貞美以及明石元二郎時期，臺灣的產業經濟已經有相當的進步，交通運輸網的整備、衛生狀況的改善、水道‧電力‧電話的鋪設、生活環境的整理、學校的擴充、教育的普及，均使臺灣整體的生活水準大幅向上提升。而愛麗絲夫婦離開臺灣的一九一〇年代後期，也正好是日本中央政府開始由平民宰相原敬組閣，在殖民地推動文官總督制度與內地延

長主義的時期，殖民地臺灣整體的氛圍，呈現相當有別於日本統治前期的樣態，或許這也是《國家地理雜誌》開始將目光朝向臺灣注視的原因吧。

另外，觀諸當時的國際社會，正值第一次世界大戰（1914.7-1918.11）中後期，日本因與英國結為同盟關係而參戰，但實質上卻因歐洲諸國忙於在歐陸戰場交戰，無暇顧及亞洲殖民地與市場，讓日本得以趁虛而入，一時之間日本搶奪了亞洲、特別是東南亞的市場；加上歐洲國家因戰爭的關係需求大量物資，而向日本訂購龐大的消費與軍需品，成就了日本在一九一五至一九二〇年之間的「大戰景氣」，使日本從債務國搖身一變成為債權國，亦造就了不少日本民間的「成金」（暴發戶）。馬克斯‧柯潔索夫到臺灣就任美國駐臺北領事的這三年期間，正是日本經濟發展的高峰期，在臺灣方面承繼之前歷代幾位總督的建設業績與社會的安定，因此愛麗絲所觀察到並撰寫出來的臺灣，確實較接近其文章所設定的題目：Formosa the Beautiful。

美國在第一次世界大戰最後階段的一九一七年四月參戰，一年半後德國投降，各國簽署凡爾賽和約的同時，在美國總統威爾遜的提倡下，成立追求戰後國際和平的「國際聯盟」。這時期美國強大國力的能見度和發言力量在國際社會嶄露頭角，時間點正好就是馬克斯‧柯潔索夫擔任美國駐臺北領事的時期。一九一八年十一月十五日的《臺灣日日新報》（第七版）曾在對德國停戰條約成立不久後的報紙上，刊登了一張在臺北外國人團體三十人，於臺北鐵道飯店一起喝香檳酒慶祝一次大戰停戰的相片，新聞標題為：「遙思祖國的外國人團體欣喜非常　夫人自身如和平的天使般　與諸聯合國民分享喜悅」，新聞的中心人物和平天使「夫人」（內文原文使用：「米國領事ギリヤソフ氏夫人」），指的即是馬克斯‧柯潔索夫夫人愛麗絲，她當天也帶著當時三歲的男孩參加，

一次大戰停戰條約成立，臺北外國人團體祝賀會，《臺灣日日新報》，1918 年 11 月 15 日。

推測應是在一九二三年關東大地震時，逃過一劫的愛麗絲長子。不過可惜的是，報紙中的照片不甚清晰，未能清楚標示並呈現出馬克斯·柯潔索夫與愛麗絲的容貌，但是從新聞報導，似乎多少能感覺出美國駐臺領事與夫人在當時外國人團體中的重要分量。

四、愛麗絲在《國家地理雜誌》報導文章中的照片影像與內容

如前所述，《國家地理雜誌》除了調查介紹各個國家、地區的地理、人文、社會、歷史、風俗等等之外，也非常重視拍攝各地的影像，藉照片影像來傳達文字所無法清楚呈顯的印象意圖。所以他們的報導者有許多是探險家、旅行者、科學家、外交官、軍人或攝影家，照片影像常會是《國家地理雜誌》取材報導的重點。愛麗絲的這篇報導（原文）共有四十六頁，但是卻使用了五十九張照片與一張地圖，而照片常是兩張編輯成一頁，或者是一張一頁或三分之二頁的大幅圖示，沒有一幅是小於二分之一頁或不清楚的圖像，足見照片影像在這篇文章中的重要性。根據文章開頭的說明，幾乎所有的照片都是由臺灣總督府官方攝影師和樟腦局的長官所提供。

這六十幅照片、地圖由於是總督府和樟腦局所提供，所以影像清晰，且內容包羅萬象，有臺北大稻埕堤防、漢人寺廟、藝姐樂隊〔愛麗絲以 "the Formosan version of the jazzband"（福爾摩沙的爵士樂團版）戲稱〕、水牛與鴨群、颱風過後淹水的臺北城一角〔作者以 "This is not Chinatown in Venice"（這不是威尼斯的中國城）調侃〕；有交通工具：竹排、舢舨、戎克船、手推臺車、「輪軸永遠不需要上油脂潤滑」的大木輪甘蔗運載牛車；還有臺灣的經濟特產：米、糖、甘蔗、鳳梨、龍眼、紅檜、檜木等。愛麗絲從總督府樟腦局取得多達九張有關樟腦生產製造的照片，再配合愛麗絲多頁的文字報導敘說，特

別介紹臺灣的特產「樟腦」，包括山區高聳的樟樹、漢人家族‧苦力於伐樟工寮砍伐、剖取樟木片以蒸餾製造樟腦油、樟腦丸的過程。除了樟腦，相片中數量最多的乃是有關「原住民」的影像，多達二十二張，約佔全部照片六十張的三分之一強。《國家地理雜誌》首次介紹福爾摩沙臺灣，畢竟對於臺灣原住民抱持莫大的興趣與關注。二十二張照片中，含原住民族群的架橋、紡織、舞蹈、家屋、教育，也介紹泰雅、魯凱、排灣、鄒族、雅美（達悟）甚至平埔等各族群的樣態、服飾、紋面，最聳動的應該會是當時尚絕少在西方世界介紹傳播的臺灣原住民「露天頭顱博物館」（愛麗絲使用的原文就是 "Open-air Skull Museum"）吧。

這篇《國家地理雜誌》於一九二〇年第一次刊登、且由美國駐臺北領事夫人愛麗絲所親自撰寫的有關臺灣的文章，頗受到臺灣總督府的關照與支援。愛麗絲到各地方參訪行程的接待人力及交通安排，例如到烏來山區樟腦蒸餾廠的參觀調查，赴桃園角板山原住民部落的「蕃童教育所」參訪，交通工具臺車的準備，以及懂得漢語與原住民部落語言、具有原住民身分並身兼接待與翻譯人員的安排，都可以看到總督府在一九一〇年代末期，對自己的施政已有了信心，且願意某種程度開誠布公的向外、特別是向同樣擁有殖民地的西方強國或社會加以宣傳。

當然，我們今天來看愛麗絲的這篇報導紀事，包括臺灣總督府提供給她的照片影像，或許已不見得會有太多的驚訝與感動，因為在那之後已有太多類似的文章與照片出土，總督府方面也陸續釋出相當多有關臺灣進一步的官方資訊與圖檔，而到臺灣來進行研究調查或旅遊的西方人、日本人，也陸續出版許多不同形式的研究調查報告、紀行文和照片圖集，因此愛麗絲對臺灣的報導或許可以稱為「先驅」但已不是唯一，有太多的著作、照片影像超越過愛麗絲的報導。但是，不能

否認的是，《國家地理雜誌》一九二〇年三月號刊載的愛麗絲這篇文章，對於揭開一九二〇年以前，日本統治時期的殖民地臺灣之實質面貌理解上，仍具有不能磨滅的歷史意義，或許我們必須用這樣的「時間觀點」來解讀或詮釋這一篇作品。

由於愛麗絲曾在臺灣居留長達三年，因此她的報導文章是多次在臺灣各地參訪之下，所綜合整理出來的作品，流露出觀察細膩、祥和但有點「溫吞」的「文學著作」的感覺，與在臺灣短暫幾天的時間內匆促旅行參訪、觀察整理出來的紀行文多少有所不同。英國旅行作家 Edward Owen Ruter 在一九二三年出版的 *Through Formosa: An Account of Japan's Island Colony*（中文版：歐文・魯特，《1921 穿越福爾摩沙：一位英國作家的臺灣旅行》，遠足文化），記錄在一九二一年四月三日至十一日前後九天的時間，旅行觀察的福爾摩沙臺灣，與愛麗絲的報導，或許可以拿來作為兩位歲數相仿（都是一八八九年出生）的西方人（一位英國旅行作家，一位美國駐臺領事夫人），對一九二〇年的前與後、日本統治中期的臺灣之觀察報導的比較，應會是興味盎然之事。

Formosa
the Beautiful

PART
ONE

福爾摩沙・美麗之島

Alice Josephine
Ballantine Kirjassoff

愛麗絲・約瑟芬・包蘭亭・柯潔索夫

PART
ONE

Formosa the Beautiful — Formosa the Beautiful — Formosa the Beautiful

Formosa the Beautiful

「福爾摩沙島」（Ilha Formosa）意為美麗之島，早期葡萄牙的航海者如此稱呼這座島嶼，現在她為日本所有，成為他們口中的臺灣。在歐洲各國，這個葡萄牙文名字都和這座島嶼緊緊相連，再也沒有哪座海島曾被賦予過比這更適切的名字了。

如果你想確認這座島是否名副其實，最美好的方式之一是：在晴朗的日子裡，搭乘「竹棑」（或稱竹筏）沿著福爾摩沙的西岸航行，你將親眼見證那在腦海縈繞數日的壯麗山景。

肥沃的平原上布滿翠綠的稻田，如畫的小村莊散落四處，點綴著蜿蜒的溪流。越過平原，便可看見輪廓變化萬千的山丘，山頂林木茂盛，襯托著更遙遠、蒼綠的高山。在其中，有時能一次望見五座甚至六座並列的山脈，像是一條條色彩各異的絲帶，從最深的青玉色到最淺的天藍色，由北至南、連綿不絕的美景就在眼前開展。

在島嶼的東邊，你會看見最高聳的海岸峭壁，在某些位置上地勢會突然拔高至約六千英尺（約一八二九公尺），為住在群山後方、野性十足的原住民部落，提供了一道牢不可破的防禦牆。

在福爾摩沙，這種竹筏稱為竹桸。

這種船舶具有十足的福爾摩沙特色。雖然在中國沿岸也能找到某種類
型的竹筏，但尺寸比福爾摩沙的竹筏小很多，因為中國內陸的竹子大
小無法與這座島嶼上生長的竹子匹敵。竹筏中央有一個可供放行李的
木盆，若海面波濤洶湧，乘客也會坐在裡頭。

植
被
多
樣
豐
富
的
島
嶼

福爾摩沙島由北至南最長的距離約為兩百六十四英里（約四二五公里），最寬約為八十英里（約一二九公里），在如此狹窄的界線之內，這座島卻擁有不尋常的多樣植被的景致。

從西部平原的棕櫚樹和熱帶果樹，只消跨出一小步，就能來到丘陵的山坡，上頭盡是茂密繁盛的叢林，植栽種類豐富。榕樹長滿鬚根，優雅的樹蕨在庇蔭處茁壯成長至棕櫚樹的高度，禾本科的竹子則隨處可見。

在爬滿苔蘚的林木間，美麗的蝴蝶蘭生長其中；在開闊的原野上，杜鵑依偎在石縫中，玫粉色的花朵恣意綻放。海拔再高一些，身價不菲的樟樹布滿高原，這裡是世界上最廣袤的樟木林。而海拔更高處孕育了多片針葉林；參天的紅檜近似加州的紅杉，它是東方最巨大的樹木，在世界排名第二；還有價值連城的黃檜（或稱日本扁柏）、松樹、雪松及新英格蘭數州的雲杉。再往上攀升，便來到最高山脈的陡峭山峰，幾乎沒有任何植被在此生長，老鷹築巢其中，這裡幾乎終年積雪。

堤岸旁的舢舨，攝於臺北。

就中國城市而言，大稻埕的乾淨程度並不尋常。

過去的艋舺、大稻埕和臺北本身（城牆內的區域）
是三個獨立的城區，但隨著總督府進駐城堡內，
以及主要的行政辦公室在四周設立，這三個區域
便被整合為臺北。大稻埕則是這座福爾摩沙繁忙
首都的中國式舊街區。

「世界第二潮濕的港口」

造訪這座島嶼，常見的途徑是經由最北端的基隆港。我正是從神戶搭乘輪船出發，經過四天的航行，在這座港口上岸。當時大雨傾盆，傍山的港口在雨中朦朧不清，視線所及一片灰濛，而天空的一角透出亮光，太陽掙扎著想要露臉。

我仍記得以前曾在公立學校的地理課上讀到，基隆是世界上第二潮濕的港口，現在我對此深信不疑。後來我又去了那裡好幾次，每次都下雨。如果沒有陣雨，基隆將面目全非，就像一個習慣戴眼鏡的人忘了戴上眼鏡。

打發了幾位護送我下船的腳伕，我搭上火車前往首都臺北——在大部分的地圖上仍採用該城的中文舊名：臺北。

我們大約花了十分鐘才通過一條漫長的隧道，當我們從另一端出隧道時，映入眼簾的是沐浴於陽光中的景致。雨水似乎不屬於這個新世界，一如白日不見星辰。

蔥鬱的稻田、濃綠的山丘和後方紫紅的山景，在驕陽下閃耀著，那奪目的光輝與方才雨中所見事物形成強烈的對比。

我們行遍四處，途經泥土、茅草所搭建的低矮平房，這似乎是中國墾農的住家，穿過前院有一口池塘，暗灰色的碩大水牛群正在前院午休小憩，數量繁多的鴨鵝在牠們沉睡時當起了巡邏員。池塘邊有一兩隻黑色母豬，肚腩肥大下垂，無數隻小豬跟在牠們腳邊嚄嚄叫著。

我環顧屋舍四周，想找到穀倉之類、夜晚時可為這些牲畜遮風蔽雨的建築，但卻遍尋不著。後來有人告訴我，牠們都是農民深愛的家庭成員，與主人和睦同住一個屋簷下，這讓我驚訝不已。

我們終於抵達臺北，二十英里（約三十二公里）的距離花了一個多小時。這座城市的西化景觀——寬廣的街道、秀麗的公園和宏偉的公共建築令我驚豔。

這不是威尼斯的中國城，而是颱風過後臺北的中國區街角一景。

大稻埕堤岸的防颱堤防景觀，攝於臺北的最南端。

島嶼南方鄰近的海域被視為颱風的「誕生之地」，
福爾摩沙因此經常受到猛烈暴風雨的侵襲。22 年
前，向東前進的暴風雨席捲臺北，當時的風速達到
每小時 97 英里（約 156 公里）。

大稻埕的揀茶姑娘。

正在包裝烏龍茶葉的苦力。

九成福爾摩沙烏龍茶葉銷往美國。脆弱的茶葉裝在鉛質內襯的
箱子裡，保護它們免於海上鹽風的侵襲，並防止遭其他貨物的
氣味沾染。但即使有這樣的防護措施，也無法保全烏龍茶葉不
受其他貨物（如椰乾）損害。如果船上爆發某種亞洲疾病，導
致船艙必須燻蒸消毒，基本上那艘運茶船上的貨物便會損毀。

鴨農任由鴨群優游閒晃。

福爾摩沙人非常喜愛鴨子。旅人若走過鄉村地
區，常會遇見一名拿著長竿的青年，照料兩
三百隻、有時甚至上千隻鴨子，這些禽鳥沒有
特定的餵食地，而是在鄉村間遍地閒晃，隨心
所欲地到處吃喝。

福爾摩沙鴉片專賣局一景。

未加工的鴉片球從印度進口，那些攤開的包裹則是來自波斯。
鴉片吸食透過許可證來管制。在福爾摩沙，約仍有 2% 的中國人
鴉片成癮，但逐年遭到管制。這座島嶼的人口超過 360 萬人，
其中超過 92% 被歸類為「福爾摩沙人」，主要是具有中國血統
的人民，另外還有超過 3% 的日本人及 3.5% 的原住民（分為「熟
蕃」與「生蕃」，詳見內文）。

中國「藝妲」樂隊。

這是福爾摩沙版的「爵士樂隊」。這些年輕的音樂家為茶樓的常客提供娛樂。

福爾摩沙
美麗之島

福爾摩沙典型的中國農家——但少了一隻母豬和一窩小豬。

踩著腳踏幫浦的苦力，背景裡有一隻犁田的水牛。

腳踏幫浦是相當美麗的機具，一次需要三名或四名
苦力來運作，從一塊田地抽水到另一塊。

一隻水牛和牠的中國牧童。

福爾摩沙的農村景致若沒有一隻以上這種牛角低垂、雙眼瞪
大的龐然生物，就稱不上完整。這座島上大部分的犁田工作
都由這些動物來完成。牠們十分壯碩，只要有大量的水澆在
牠們背上，並讓牠們飲用，就可以忍受辛苦的勞動。在任何
大城鎮的郊外都可看到牠們，站在六、七平方英尺（約 0.55
至 0.65 平方公尺）的水槽中，享受牧人的「淋浴」。

福爾摩沙甘蔗種植區使用的二輪牛車。

因為車輪輪軸從未經過油脂潤滑，所以老遠便能聽見刺
耳的吱吱聲，宣告這些載運甘蔗的二輪牛車已經抵達。

福爾摩沙的甘蔗田。

1917 年，福爾摩沙史上首次外銷蔗糖至美國。其他主要的輸
出貨物則為烏龍茶葉和樟腦。雖然這座島嶼的樟腦舉世聞名，
但在一戰期間，一年內出口蔗糖的產值是樟樹的 14 倍。

水果挑夫在往市集的途中歇息。

福爾摩沙的鳳梨比夏威夷的品種還小，但其風味卻彌
補了體積的不足。照片中更小粒的水果是龍眼。福爾
摩沙人會從鳳梨的綠葉中取出纖維，製成涼爽的夏季
布料。這座島產出的鮮花，名氣也與水果不相上下。

打穀中的農工。

福爾摩沙的打穀機由輕便的木桶組成,這種裝置長得像帆船,打穀者手握一捆捆稻子站在後方,輕快地以稻束敲打固定於木桶上的浪板,如此便能分離稻穀和葉片。

紅檜樹（學名：Chamacitaris formosensis MATS.）

福爾摩沙參天的紅檜近似加州的紅杉，是東方最巨大的樹木，
在世界排名第二。

A Japanese House-Clearing Twice a Year

一年兩次的日式大掃除

不久前我造訪的日本城市都擁有東方的優美景致，而此時我身處於眼前這個地球上最偏遠的角落，原本預期會看到更濃厚的東方風格，但只有環繞舊中國城的古牆城門留存下來。它們矗立於新穎的市景中，顯得不甚協調，就像紐約中央公園裡的古埃及方尖碑。

我在大稻埕看到了較多預期中的景象，那裡是臺北的中國人區，但就一個中國城市而言，即使是大稻埕，其乾淨的程度仍相當不尋常。

日本人堅持一年要有兩次官方的住家大掃除；因為掃除工作是在警察的監督下進行，因此大致可以確定，沒有任何環節能夠馬虎。一個男人的所有財產，包括他的全副家當、妻妾兒女（我特別點出妻妾，因為中國男人只要負擔得起，通常就能推定他會娶一個以上的妻子），甚至是他所珍愛的鴉片煙管，全都隨意堆放在住家門前，接著打掃工作就開始了。

除了妻兒之外，他的所有財物裡裡外外都要徹底清洗，而這額外的衛生措施將有助於養成與虔敬同等的特質。

讓
惡
靈
遠
離
臨
終
者
的
音
樂

然而，在聲響方面，大稻埕是典型的中國風格。各種聲音一刻不停歇，偶戲及其鑼鼓伴奏、婚禮隊伍、送葬行列或成串的鞭炮聲，為慶祝某個被寵壞的頑皮男童的生日，畢竟他是父親心中的寶。

若沒有任何這些伴隨著儀式而來的聲響，也總會聽見藝妲表演時的刺耳音樂，娛樂著茶樓的常客；從遠方傳來的小販叫賣聲；行人高頻難懂、喋喋不休的交談聲；最後，雖然有虎頭蛇尾的風險、我仍要提及母雞的咯咯叫聲，因為這些穀倉旁的家禽數量之多，會讓緊張兮兮的旁觀者以為某隻雞踩到了另一隻，或正在躲避被同伴踩踏。

我永遠忘不了住在大稻埕的第一個夜晚。折騰了一天，我精疲力竭，但早早歇息的決心卻突然被一支中國樂隊擊潰。他們在我們住

處後方的窄巷高聲演奏，惱人的怪調、快速重複的極強音、單調的曲式，不只趕走了睡意，甚至快把我逼瘋了。

問了僕人，他告訴我們，但不只說了這些：我們的鄰居是一位富有的放債人，已屆彌留。我反覆思索，認為以如此猛烈的手段加速他的死亡並不明智，因此確信演奏音樂只是要驅趕可能潛伏住家四周的惡靈。

那音樂無疑非常適用於這個目的，眼看沒有停奏的可能，我只好勉強安慰自己在扮演一個為罪人受苦的無辜者。不過，當我得知日本人已制定規範，禁止在半夜演奏所有這類的音樂時，我真心滿懷感激。

福爾摩沙的載客臺車。

載運日本帝國郵件的臺車。

載運包裹的臺車皆屬三級車。載客車則屬一級，
並擁有通行權。雖然一級車應該更便於離軌，
因為其他臺車通常都載著沉重的物品，但兩車
相遇時，三級車需離軌讓一級車通行。

工作中的揀茶姑娘

夏季時，大稻埕正逢茶葉盛產的時節，因此展現著最繁忙的樣貌。茶行的柱廊（我稱之為柱廊，但不確定這種氣勢宏偉的建築用詞是否適用於如此簡樸的構造）與揀茶女聊天時喋喋不休的斷奏低聲共鳴。她們普遍是年輕女性，因為年長者的雙手已過於麻木，以致無法靈巧地揀選茶葉。

這些雙眼炯炯有神的揀茶姑娘坐在矮凳上，前方放著寬大的柳編圓盤。她們身穿孔雀藍的工作罩衫，前額的頭髮剪短成瀏海，後頸的辮髮結上簪著一兩束鮮豔的小花。姑娘們正生氣勃勃地工作，與四周單調的景物形成鮮明的對比。

她們的手指纖細飛快，每隻手都至少有一片謹慎修整過的長指甲（儘管這對工作來說並不方便，但她們仍想跟上這原屬於有閒人士的風尚），從半烘乾的茶葉裡挑出粗枝；就像教養良好的西方女士經常在喝茶時說說閒話一樣，這些活潑的揀茶姑娘也在世界的另一端七嘴八舌聊了起來。

僅僅數年前，茶箱都是由畫筆快如閃電的藝術家繪

飾帶有熱帶風情的鳥獸圖樣，而如今改以模板印刷
於紙上，黏貼在茶箱外，再塗上一層亮光漆。

隨處可見苦力打包著這些飾有美麗花樣、鉛質內襯
的箱子，將裡頭裝著的脆弱貨物——茶葉運往美洲。
之所以說美洲，是因為大約有九成的福爾摩沙烏龍
茶銷往美國。少部分銷至英國的茶葉，通常會摻和
其他種類的茶葉，製成精選混合茶。

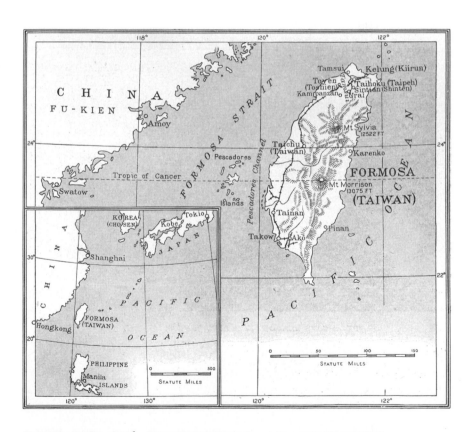

福爾摩沙（臺灣）地圖[3]，顯示了這座島嶼和日本、中國、菲律賓的地理關係。

保護茶葉遠離難聞的船貨

每只茶箱外頭都會再縫上蘆葦蓆，作為額外的保護措施。因為茶葉十分容易受到其他船貨影響而受損。茶商在上貨以前，都會先查明那艘輪船裝載了何種貨物。比方說，茶葉和椰乾都無法與同質性高的貨物一起運送。此外，如果船上湊巧爆發某種亞洲疾病而不得不將貨艙燻蒸消毒，茶葉可能也會因為沾染病毒而陣亡，其商業生命也就此終結。

烏龍茶的自然香氣讓最挑剔的嗜茶者難以忘懷。除了烏龍茶外，福爾摩沙還生產另一種人工加味的茶葉，名為包種茶。這種茶葉主要出口至菲律賓和海峽殖民地（Straits Settlements）[1] 供中國人消費。

增添包種茶香味的程序會用到四種花：兩種茉莉、白夾竹桃和梔子花。為此，農民在臺北城外種植了大量這類的花朵，並在大稻埕某個特定街角易貨交易。

我隨時能憶起那個如香氣之所般的街角，那簡直是險惡沙漠裡的芬芳綠洲。行經北門外街（大稻埕的主街道），西方人敏感的鼻子被饗以上千種混雜的中國氣味──中國線香和中國鞭炮，中國衣裝和中國食物，中國商店和中國住家，中國男人和中國女人。接著，花市倏然現身。

擁有這敏感鼻子的主人放下掩鼻的手帕且「訝異不已」。這些柔美的白花真的是我們習於因其昂貴而投以崇敬的梔子花嗎？試著想像，第五大道的花商若看到這麼多可製成胸花的花朵以一朵一元的價格賤賣，並被胡亂堆在籃子裡，排列在髒亂的街道旁，他將多麼內疚與不安。

大稻埕（福爾摩沙首都臺北的中國區）濱水區堤岸上的夕陽。

日暮時分，迷人的舢舨船影交錯，載著家住上游的人，在水仙花色的天空下滑行返家。臺北的面積和麻州的羅威爾城（Lowell）一樣大，淡水港位於西北方 20 英里（約 32 公里）淡水河的出海口，基隆則位於其東北方 18 英里（約 29 公里）處，這座海港市鎮擁有全島最好的港口。

淡水河上的戎克船（junk）。

戎客船（右後方）老舊的船帆補了又補，在順風航行時能讓划手快速前行。

搜捕走私者

不過，若想欣賞大稻埕風景最優美的地方，就得前往淡水河的濱水區，人們通常稱之為堤岸（Bund）。船頭兩側繪有大眼圖樣的舢舨船，從淡水港和基隆港將船貨載運到此。舢舨船老舊的船帆補了又補，順風航行時還能讓划手快速前進，但若遇到逆風和逆流，這些笨拙的船舶就會顯得十分緩慢。

最活躍的商議討論都發生在關稅碼頭，因為關稅員搜查走私貨物時嚴密而徹底，而舢舨船大都從中國沿岸運送商品至此，亟欲主張他們的清白。貨物交易的來源通常只是當地的產品，如上游幾英里處山坡窯爐的木炭，或者番薯；由於米價飆漲，番薯已成為窮人的主食。

舢舨船的船員不會在固定時間用餐。幾乎在任何時刻，當船下錨時，我們就能看到船尾有一小群人圍坐在炭爐旁；一個女人忙著把湯和麵條分裝到碗裡，頭戴草帽的男人們脫去上衣，露出腰部以上的古銅色身軀，急切地用長木筷撈起熱氣騰騰的麵線。

無論早晚，這條河都散發著鮮活的生命力。女人浣衣；腳發疼的人沖洗腳掌；鴨農任由鴨群優游；漁夫試著碰碰運氣；家庭主婦淘洗蔬菜和豬肉條；牛群和其主人在退潮時涉水而過；到了日暮時分，迷人的舢舨船船影交錯，載著家住上游的人，在水仙花色的天空下滑行返家。

正在開採樟樹的中國家庭。

少有樹木的價值能超越樟樹。一棵普通的樟樹基部樹圍約為
12 英尺（約 3.7 公尺），可以產出約 50 擔的樟腦（約 6,660 磅）
（約 3,021 公斤），以現在的市價來計，約為 5,000 美元。

位於樟樹林中心的在地樟腦蒸餾場。

樟樹出奇地美麗，主幹勻稱好看，枝枒廣闊開展，上頭覆蓋著繁茂優美的柔嫩綠葉。根據一份福爾摩沙半官方出版品中的文章，目前島嶼產出的樟腦全由原生的樟樹製成，但原生樟樹預估會在十年內耗盡。然而，樟腦專賣局已經以每年三千英畝的速度種植樟樹超過十年。1919 年，樟樹育林計畫拓展為種植 12,000 英畝（約 4,856 公頃），這也是未來每年規劃的英畝數。

福爾摩沙，樟腦的故鄉

福爾摩沙的島民主要從事農業。除了稻米，政府也特別鼓勵人民種植甘蔗，兩者的栽種量皆十分可觀。

不過，最有趣的產業是製造樟腦。製樟可說是這座島嶼獨有的行業，眾所周知，國際市場上這種珍貴藥材的生產實際上由福爾摩沙所壟斷。

在一戰之前，德國透過祕密程序成功製造出某種合成樟腦，但所需勞力極為昂貴，以至於這項人工產品無法與天然樟腦競爭，而且短期內恐怕都是如此。

二十五年前，日本人來到福爾摩沙後不久，製樟產業便成為政府的專賣事業。在那之前，人們早已無情地大量濫用資源，大肆伐木，並從中提煉樟腦。

起初日本人在這方面也有所疏忽，因為樟樹的供給似乎源源不絕，但近年來樟腦需求量大增，以致得開始以科學方法造林。現在大片大片的土地都用來種植樟樹。在這些人工培育的林木中，樹齡最長者已屆二十年，據我所知，到了明年這些樹就會被砍下。

乍看之下十分矛盾，福爾摩沙未開化的獵首族之於製樟產業，既是阻力也是助力。

森林一旦砍倒，就必須把獵首族趕到更深的山裡。這些對抗原住民的戰役總是不太成功，因為征途上會遭遇重重障礙，如濃密的森林、湍急卻沒有橋梁的溪流、沒有小徑的陡峭山脈，其中最具威脅性的是遭到突襲的危險。

伐樟工人的生活確實驚險萬分，沒有一刻是安全的。雖然手握斧頭的伐木工在山林裡移動時總有武裝守衛相伴，卻仍隨時面臨遭到伏擊的危機。

伐樟工人的故事令人回想起我們拓荒先人那段對付印第安戰斧、毒箭和剝皮刀的歲月。然而，如果這樣的威脅並不存在，樟樹林可能早已消失殆盡。多虧了獵首族，福爾摩沙才仍擁有廣袤的原始樟樹林。

樟樹的最佳生長環境是氣候溫和、排水良好的坡地，海拔不超過四千英尺，能獲取充足的陽光。

世界上沒有其他地方能讓這些樹木長成這樣的高度和樹圍。在過去，基部樹圍達三十五至四十英尺（約十一至十二公尺）的林木會被記錄下來，但這些大樹都無法逃過伐木工的斧頭，全數倒下。或許在原住民掌控的未知森林裡，這些宏偉的巨木仍毫髮無傷地生長著。如今，基部樹圍達二十英尺（約六公尺）的樟樹就會被視為相當巨大的樣本。

在許多地區，伐樟工人都需要武裝守衛的保護。

伐樟工人的故事令人回想起那段我們的拓荒先人對付印第安戰斧、毒箭和剝皮刀的歲月。

從樟樹樹幹鑿下木片。

他們以扁斧將樟樹鑿成木片，然後將木片放入蒸餾器中進行蒸餾程序。

將樟木片放入木片蒸餾器。

蒸餾器置於沸水上方,下方則是火爐。照片右方的男人正在
取出已提煉過樟腦的木片。

從樟腦中瀝出油。

在這裡，我們可以看見樟腦被放到木槽裡，瀝出多餘的油
並滴入錫罐。

製樟用的沉水缸。

將樟腦經汽化後會通過輸送管，進入沉在水中的缸子裡，如此一來，山間
流下的清涼溪水便能漫過那些大缸，以加速結晶。下一張照片，則為將那
些缸子從水中取出的模樣。

取出的缸子中裝有結晶樟腦。

近幾個月來，福爾摩沙樟腦的需求量極大，賽璐珞製造商
尤其需要。光是 1920 年前三個月，日本政府就分配給美國
379.635 磅（約 172 公斤）。

一棵樹能產出價值五千美元的樟腦

在價值上,很少有其他樹種能與樟樹匹敵。假設一棵普通的樟樹基部樹圍是十二英尺(約四公尺),就可以產出五十擔的樟腦(約六千六百六十磅)(約三〇二一公斤),以現在的市價來計算,價值約五千美元。

嚴格來說,並不存在純粹的樟樹林,因為樟樹通常與其他樹種生長在一起。樟樹出奇地美麗,主幹勻稱好看,枝枒廣闊開展,上頭覆蓋著繁茂優美的柔嫩綠葉。

製樟區到處都有在地蒸餾廠,工人在此收集未加工的樟腦,將樟腦油裝進錫罐,然後由苦力沿著險峻的山路揹下山;在抵達最近的鐵路後,接著送往臺北的精煉廠。

臺北南方第一座有警察駐防的原住民村落名為烏來,我有幸造訪了位於烏來郊外十英里(約十六・一公里)處的一間在地蒸餾廠。

我們一行人搭乘汽車直抵新店,身強力壯者由此開始「徒步登山」,其餘的成員則輪流走路或乘坐轎子。

我們必須跨越許多溪流,因為我們事前向日本官方取得了進入原住民地區的許可,他們因此親切地預先安排了我們的路線,每到一條溪時總會有一位船夫和一艘舢舨在岸上等待我們。搭乘這些舢舨似乎沒有固定的收費,船主總是照例接下了我們下船時拋給他的幾枚硬幣。

美麗之島 福爾摩沙

邂逅一位福爾摩沙「兄弟」

帶我們渡過最後一條溪的船夫是一位年長的「熟蕃」，面容乾枯醜惡，長得就像卡隆[4]轉世，而這位可憐的老兄受瘧疾寒顫所苦，在頭上圍了一條深色披巾，這讓他和卡隆更加神似。

他十分莊重地問候我們，起碼正當我推測他的思緒時，他竟出乎意料地開口說道：「你和我是兄弟。我們跟這些人不像。」並指了幾位坐在舢舨後半部的日本和中國乘客。

我有些驚訝，但後來發現所有福爾摩沙的原住民都有這樣的觀念。對他們來說，這個世界除了他們之外，只有兩種族群——中國人和日本人，所以當他們見到非中日兩族的人士時，便以消去法聲稱和對方有親族關係。

我們在烏來的一間日本旅社停留，並享用午餐，結果所有的原住民族人都來看我們吃飯。我們的午餐籃裡正好有些魚子醬三明治。飽餐一頓後，我手邊還剩下一個，便將它送給一位原住民長老。他吃得津津有味。食畢，他向我表示他還想再吃，於是我給了他一個只抹上奶油的普通三明治，他作嘔的神情逗得我樂不可支。

每當我聽到有人說，原住民總是想吸收邪惡的事物，對於真正的文明益處不感興趣時，我總會特別想起這位天生的美食家。我相信他只啜飲一口，就會選擇香檳而非啤酒。

松樹高踞的山脊。

若沒有那位拿著槍的「熟蕃」，這張照片會讓人誤以為攝於新英格蘭。
住在邊界的原住民常受雇協助警察守衛。

阿里山上黃檜林中的伐木作業。

黃檜又名太陽樹，媲美樟樹，也是福爾摩沙最有價值的樹種之一。
最高的樹種可以高達 130 英尺（約 40 公尺），樹幹也極為粗大，
砍伐後的樹椿可供 12 個人站立在上頭。

樟腦蒸餾廠的簡易運作

我們造訪的蒸餾廠是由某個家族所掌管。一行人抵達時，幾個男人正在用扁斧自樟樹樹幹鑿下木片，其他人則在蒸餾廠裡生火。

蒸餾廠毗鄰簡陋的棚屋，那裡是工人們的住所，門前有個女人正在準備午後餐點，她身旁的小男孩則忙著把玩磚塊與萃取樟腦後剩餘的木片。

蒸餾廠的運作方式非常簡單。將樟木片放入下方有沸水的蒸餾器後，樟腦經汽化後會通過輸送管，進入沉在水中的缸子裡，如此一來，山間流下的清涼溪水便能漫過那些大缸，以加速結晶。樟腦結晶後，工人就會打開缸子，將其放在木槽中，瀝出多餘的油。這種油將能在精煉的過程中產出九成未加工的樟腦油。

福爾摩沙的民族

從有可靠紀錄記載的年代以來,福爾摩沙就存在著未開化的部落民族,他們可能帶有馬來人和波利尼西亞人的血統。就長相而言,他們和婆羅洲的達雅族 (Dayak) 最為相近,雖然在血統上未有定論,但他們和南海的部族十足相像,因此我們能合理地將他們歸於同樣的祖先。

今天在島上生活的他們各處於不同的發展階段。「生蕃」 (中國人都如此稱之) 過著和他們幾世紀前的祖先幾乎相同的生活,而「熟蕃」則居住在未開化親族和中國墾殖者之間的邊緣地帶,或多或少被中國的生活方式同化了。

據估計,福爾摩沙的原住民約有十五萬人。島上主要有八個原住民族,每個族群的衣著、語言和習俗都有相當明確的區別,而且在許多案例中,隸屬於同一個族群的各部落之間,彼此的差異並不大。

雖然大多數時候,各族群內部的相似比差異更為顯著,但彼此間仍有一定程度的不同,因此我們推測,他們是在不同時期遷徙到福爾摩沙,甚至可能來自不同的地方。

對獵首的熱愛

所有的「生蕃」都有一個共通點，就是他們對獵首的熱愛。在部分族群中，獵首行為與他們的宗教和社會生活息息相關；而對其他族群而言，則特別與個人本領有關，能展示最多頭顱行列的勇士將被視為最了不起的英雄。

當然，「熟蕃」已完全摒棄這項習慣，但從他們依舊堅持跳著源自獵首凱旋慶典的古老舞蹈，便可知曉他們暗地裡仍對獵首懷有一絲喜愛。

在每個原住民村落裡，露天的頭顱博物館攸關族人的驕傲，多數部落長老還擁有個人的頭顱收藏。

當中國的佔領軍隊離開福爾摩沙，日本人正要進入他們的新領土時，因槍枝短缺而導致價格飆漲。因為中國居民不得持有火器，因此幾乎所有離去軍隊的來福槍全被中國商人售予原住民，總數約有兩萬支。正因為擁有槍枝，獵首族人變得特別難以對付。

在原住民區，日本步兵隊正走下山。

這些受僱保護伐樟工人的人稱為「隘勇」（守衛之意），他們的前哨線稱為「隘勇線」（守衛線之意）：沿著山脊開闢出一條小路，設立為隘勇線，界線兩側 18 或 20 英尺（約 5.5 至 6 公尺）內的叢林全數遭到清除；戰略點上設有碉堡，及通電的鐵絲網。

原住民區邊界上的軍事駐防地。

在對抗原住民的征戰期間，這些暫時性的建築被當作
指揮官的總部。

隘勇線

居住在原住民地區邊界附近的中國人腦袋落地，已是稀鬆平常、司空見慣之事，除非死者的親屬團結起來向兇手報仇，否則不太會引起關注。不過，如果是某位日本警察、官員或士兵成為受害者，就會引爆戰役，為他的死亡復仇。原住民村落會事先收到警告，如果兇手投降，全族人便能獲得赦免，但兇手得付出死刑的代價。

現在原住民攻擊事件的數量已創下歷史新低，福爾摩沙不再如過去那般深受威脅。這是因為日本人在東海岸中部的花蓮港到南部的卑南之間架設了約一百英里（約一六一公里）長的隘勇線，以防衛原住民入侵。

這道屏障兩側二十英尺（約六‧一公尺）內的樹木全數遭到清除，以防原住民砍伐樹木，並讓樹木倒在隘勇線上後跨越防線。

隘勇線上，每隔半英里（約八百公尺）就設有碉堡，一名衛兵鎮日在兩座哨所之間的巡邏路線上來回踱步，以免鐵絲網遭到破壞，或有人在下方挖掘暗穴。

起初，鐵絲網只在原住民經常發動攻擊的夜晚通電，但狡詐的獵首族人很快便察覺到這點，因為他們發現白天時發電所不會冒煙。於是，當他們將夜襲改為日間出征，日本人不得不在白天也通電。

雖然那項裝置所費不貲，但對屏障西部肥沃平原的發展卻大有貢獻，現在許多被吸引到此區的日本農業家之生活已相對安全了。

不過，即使是現在，仍有商人會到柵欄旁以小型貨物交換鹿角和龜殼。他們隻身或毫無武裝地前往時，偶爾會因此而喪命。

在原住民佔領的山區，兩種鹿——福爾摩沙梅花鹿和臺灣水鹿——漫步其中，且數量頗多。在那些山脈背後的海岸有巨龜棲息，牠們的大小約在三至五英尺（約〇‧九至一‧五公尺）長及兩百至四百磅（約九十一至一八一‧五公斤）重不等。

原住民建造的橋梁。

當大雨滂沱時，這座橋就會被沖刷到下游地帶。

難以研究的原住民族

我們是透過某個新征服部落的研究，才漸漸了解福爾摩沙原住民的特色。

即使有滿腔熱血的人類學學生願意冒著生命危險走入「生蕃」部落，但日本官方也不允許他們進入危險地區。事實上，日本人在這方面極為謹慎，就算外國人想探訪「熟蕃」村落，他們也會派遣一支警察護衛隊陪同。

我在此並非意在撰寫這座島上原住民部落的記述歷史，也沒有關於這個主題的第一手知識，但我想說說我造訪角板山（Kampanzan）那趟旅程的故事。在那個北部的原住民村落，我遇見了一位名為金崧（Kim Soan）的族人，從他口中我聽到了一些關於他的部落生活——北福爾摩沙泰雅族人的一些事。

我們在一個美好的暮秋日啟程，搭乘兩小時的火車前往桃園。當時正值二期稻作收割，稻田中小群農工四散，他們頭戴寬大的草帽，有些正用鐮刀割稻，有些忙著打穀，有些正為了插新苗而犁田。

頭頂晴朗的藍天、熟稻的柔棕色，交錯著新秧苗的鮮綠色塊，構成了我們眼前這幅風景畫的配色，而畫框則是那圍繞著的群山。

日本人在原住民村落建造的藤吊橋。

島上的這類吊橋中，最長者超過 400 英尺（約 122 公尺）。即使
溪水暴漲，這種天橋也會在冒泡的大水上方安好地搖晃著。

摩里遜山（Mt. Morrison，即現在的玉山）海拔 13,075 英尺（約 3,985 公尺），
是日本帝國最高的山脈。

如本圖所見，對抗福爾摩沙原住民的征戰可謂考驗重重。

「這些對抗原住民的戰役總是不太成功，因為征途上會遭遇重重障礙，如濃密的森林、湍急卻沒有橋樑的溪流、沒有小徑的陡峭山脈，其中最具威脅性的是遭到突襲的危險。」

位於福爾摩沙南部阿緱的鐵路橋。

港口修繕，鐵路和橋樑已大幅促進交通便利。

福爾摩沙
美麗之島

西方發明成為東方的尋常風景

附蓋帆布遮篷的輕便木桶如畫一般美麗，這種裝置像帆船，打穀者手握一捆捆稻子站在後方，輕快地以稻束敲打固定在木桶上的浪板，便能分離稻穀和葉片。

腳踏幫浦也是相當美麗的機具，一次需要三名或四名苦力來運作，只見他們從一塊田抽水到另一塊。這些西班牙傳教士的發明也在中國使用。

若能找出所有我們向來認為源自東方，其實是西方腦袋的發明，一定非常有趣。我想到在中印度滿街跑的小型雙輪馬車（tonga），其實是一位美國傳教士的發明；此外還有人力車，第一台人力車是一位在日本的美國傳教士為他跛腳的太太發明，如今則在整個東方世界被廣泛使用。

每隻水牛都有一位白鷺朋友

福爾摩沙
美麗之島

負責犁田的是水牛，牠們被從山上的牧場帶下山，工作結束後再回山上吃草。福爾摩沙的農村景致若沒有一隻以上這種牛角低垂、雙眼瞪大的龐然生物，就稱不上完整。牠們的藏身處僅是風化的岩石陰影，而且牠們可以持續幾個小時幾乎一動也不動地站在綠草如茵的山坡上吃草，即使近距離觀看，也會誤以為那是石像。

只要有水牛的地方，就一定能看見優雅的白鷺在牠們背上歇腳，似乎每隻水牛都會有一隻特定的白鷺朋友，白鷺會照顧水牛、幫牠們清除其他的小昆蟲同伴，那些小蟲或許同樣忠誠，但比較不受歡迎。

抵達桃園後，我們改搭臺車。這種小巧、覆蓋著柳編遮篷的便車，是在窄軌上行駛。臺車的座位剛好能夠容納兩名乘客，而且後面有個小小的平台；上坡時，兩名苦力會站在上頭推車；下坡時，苦力則可站或坐在平台上頭。

習慣搭乘汽車的人可能會覺得，在水平或上坡道路乘坐臺車有些乏味，但下山時的刺激程度絕對令人滿意。

我們前一小時的路程是行駛在平整的鄉村間，途經滿滿的甘蔗田，偶爾還有番薯田、高麗菜田和南瓜田。有時我們會碰上某個鄰近溪畔的村莊，孩子們會高聲呼喊，宣告我們的到來。

帶著小嬰孩的婦女會以裹小腳所能允許的最快速度，蹣跚走出門外，笑著議論我們的到來。青年也不加掩飾地嘲弄我們，只有形同象牙黃塑像的老翁沉著冷靜地凝視我們。

隨處望去，風景畫一般的旅程

我們終於開始爬坡了。一開始我們行過茶園梯田，及鳳梨、香蕉和柑橘果園，我們繼續前進著，山麓隨而轉為滿布自然原生的豐饒覆被。綠草妝點著我們行經的小路兩側，在羊齒蕨和長滿地衣的岩石之間，冒泡的山澗自高處潺潺流下，滴落我們的腳邊。

每拐一個彎，便能看到比先前更加細緻優美的山坡；只見豐富的熱帶觀葉植物，秋海棠、芭蕉、樹蕨與多種開花灌木交織在一起，還有野繡球花、牽牛花、粉夾竹桃、木槿和美麗的日本山百合。

角板山的海拔雖未超過兩千英尺（約六一〇公尺），但圍繞她的群山構成了壯麗的背景，較低的山上林木翁鬱，較高的山丘則籠罩著雲霧和白雪。

我們在傍晚時分抵達隱身於兩座山谷地之間的原住民村落。茅草屋頂的小泥屋門前煙霧繚繞，原住民母親們正在裡頭以地面中央的柴火烹煮當作晚餐的番薯。

孩子們跑出屋外，迎接我們的到來，雙眼都被煙燻得汪汪泛淚，他們的父親則蹲踞屋前；這些昔日的勇士如今僅是目光朦朧的原住民族幽魂，他們瞇眼看著我們穿過細長煙管呼出的煙霧。

福爾摩沙北部山村角板山的蕃童教育所。

原住民集會所。

多數原住民族都有這種具雙重功能的寓所，可作為會
所或男子宿舍之用。

原住民住屋的一種茅草屋頂類型。

這些土著正在展示一些他們的手工陶藝品。

椽上垂掛著頭顱的原住民住屋。

原住民族人只要居住在板岩礦場周邊，便會以石板建造他們的房屋。

那些深刻的紋面凹痕代表這位泰雅族人已具備成年男子的身分。

在泰雅族的區域內每年都是閏年（譯註：按西方傳統，閏年的二月二十九日是唯一女性可以向男性求婚的日子），因為女人擁有和男人平等的權利，能選擇自己的伴侶，可能是準新娘嫁入男方家，或準新郎入贅至女方家。沒有人能和一位以上的伴侶結婚，或和其他部落的人通婚。

泰雅族女性的刺青代表她已屆適婚年齡。

泰雅族人無論男女都十分喜愛項鍊、手鍊及其他由獸齒、硬紅梅果、黃銅等金屬製
成的裝飾品。他們會拔除兩顆上顎的側門牙，以使面容更加美觀。

金崧的故事

我們前往一間日本旅社，就在那裡遇見金崧。那時我們剛吃完晚餐，正想著如何打發就寢前剩餘的一小時。

金崧以首席警官傳令員的身分，前來詢問我們是否舒適無缺。因為我們其中一人能説流利的漢語，因此請他向警官傳達我們的想法，然後回來與我們聊天。他離開之後，我們的朋友説：「我認識那個男人，我記起他的臉了。」接著告訴我們他所知的金崧經歷。

當中國人仍佔有福爾摩沙時——那是一段人人都認為治理極為不當的時期——一位地方行政官似乎有些先進的想法，他構思出一個計畫：先教育那些已被征服的部落中的少年，再把他們送回部落，成為啟發族人的使者。然而，他擬定計畫時並未考量學生們的意願，因而產生了像金崧這樣的案例。他曾是那些受教的少年之一，但他在愛上文明的便利後，卻拒絕回到未開化的部落。

後來，日本人來到這座島嶼，金崧接到委託，要陪同兩名日本官員進入原住民地區，進行人口普查。三人穿著同樣的日式制服後啟程，但出發不久便遭遇原住民攻擊，他們殺死了那兩名日本人，但饒了金崧一命。

於是，他向官方回報那幾名兇手，但他們卻反過來判處金崧死刑，認為他必須為那兩條性命負責。不過，他設法逃脱了，在深山裡待了八年之久。後來他獲得赦免並返回平原，並被指派為角板山蕃童教育所的教師。

一群角板山的原住民。

島嶼北部的原住民以其紋面來和南部有所區別。南部的原住民沒有紋面的習俗。在北部的部落中，分布最廣者為泰雅族，角板山的原住民也屬於此一族群。他們居住在山林深處，是福爾摩沙居民中開化程度最低的人們，特別偏好獵首習俗。

「你砍過幾顆人頭？」

我們的同伴還沒說完故事，金崧本人就出現了。接著他們兩人展開了以下的對話：

「金崧，你不記得我了嗎？還有那間你以前上學的淡水小學校？」
「噢，先生，那是很久以前的事了，久得就像一場夢啊。」
「所以你又變回原住民了。你砍過幾顆人頭？」

這句話帶來了爆炸性的效果。金崧馬上跳了起來，舉起一隻手，激動得聲音哽咽，嚴肅地說：「我對天地發誓，我不曾犯下殺人罪。」

「但你的額頭有紋面，表示你已被允許進入部落的男子會議。你一定曾設法取得至少一顆人頭，才能加入他們吧？」

他又再次聲明自己的清白，莊重的語氣同樣令人肅然起敬。

「那你一定曾和其他人一起獵過人頭。你無法拒絕同行，是嗎？」

「是的，我無法拒絕。我總是試著找藉口開脫，但最後我們的長老說：『明天你得去。』於是我們搖動了一棵停滿鳥兒的樹，並從牠們飛起的狀況占卜吉凶，我們部落的老婦說：『是吉兆，你們將會凱旋歸來。』」

兩次暗殺

「當晚我帶著沉重的心情上床，入睡後夢見我們將遇到一名帶著斧頭的伐木工和一名持有來福槍的衛兵。」

「隔天，事情正如我的夢所預言的。我的同伴在十英尺（約三公尺）外伏擊，射穿了衛兵的心臟，而那名伐木工高舉雙手，哀求我們手下留情。

我懇求我的同伴放他一條生路，他們卻說：『呸！你真是可恥！你的心和中國人一樣懦弱。』他們轉身想取我性命，我只好收回我的請求。之後他們砍下伐木工的頭顱，我們就回家了。」

「難道在那之後你沒有再參與其他襲擊行動？」

「有，還有一次。那次我們埋伏在高高的草叢中，有幾名日本步兵經過。那些男人非常勇敢，雖然我們射殺了頭幾名士兵，但其他人仍前仆後繼。但不久後我們就被迫逃亡，因為他們的人數遠遠多過我們。我們很尊敬那些日本士兵的勇氣，但那些日本警察啊，呸！他們一瞥見我們，就像老鼠一溜煙跑光了。」

你如何在黑暗中會見我們呢?

一位原住民長老和他的妻子。前者被吩咐穿上他出征獵首的衣裝。

會爆炸的木頭子彈

後來我們詢問金崧許多問題，他也給予我們許多有趣的答案。他告訴我們，每個部落都由鐵匠負責保養槍枝。他還反駁了至今仍有武器和彈藥走私進入原住民地區的謠言。

他向我們描述，原住民如何以一種非常堅硬的木材心，經過特殊處理後製成子彈。這些子彈只有在短距離射擊時才能奏效，當它們射入肌肉後，便會像達姆彈一樣爆炸。

他也向我們解釋族人製作火藥帽的精巧方法。他們會從安全火柴盒的點火面割下兩塊小圓片，將一根火柴頭放在中間，再將圓片黏接起來。他告訴我們，他們總能從中國商人手上買到火柴，要多少就有多少。

此外，他也聲明，獵捕鳥獸時只用弓箭，他們所有的彈藥都會儲存起來，只用於獵首。

一位原住民長老的家屋：攝於福爾摩沙。

幾乎在所有原住民族中，長老家屋的門前都有粗糙的人形雕刻以利區別。請特別留意左方
架上的頭顱。

露天頭顱博物館。

「在每個原住民村落裡，露天頭顱博物館攸關著族人的驕傲。」

染血的手是原住民天堂的入場券

「可是，為什麼你的族人要獵人頭呢？據說男人必須取得一顆頭顱才能娶妻，這是真的嗎？」

「不，並非如此，但當然，女人會優先選擇帶回最多頭顱的男人。不過，真正的原因是這樣的：我的所有族人都相信，在我們死後必須走上通往冥界的彩虹橋。

一名把關者站在彩虹橋的末端，當我們走上前去，他會對我們說：『讓我看看你的手。』然後開始端詳我們的手。如果非常乾淨，他就會說：『往右邊去。』並將我們踢進黑暗的深淵；如果他發現我們的手沾有血漬，便會說：『你可以進去。』而允許我們通過。」

為原住民兒童設立的日本學校

我們離開角板山之前,造訪了金崧曾經任教的蕃童教育所。孩子們以非常悅耳的聲音,為我們演唱日本國歌。我聽過日本或中國小孩的歌聲,但都沒有他們的一半動人。

幾位孩子上台演講,內容十分逗趣,顯然出自老師之筆。每段演講大致如此開場:「我是一個窮苦的小蕃童。在善良的日本人來到這裡之前,我非常無知。現在親切的老師會教導我許多事情……」並接續更多類似的內容。

日本人正一步步訓練原住民學習某些手工藝,主要是用手搖紡織機織布,好讓他們以此維生,因為他們已不再能保有過去那種令人興奮的打獵生活。

我帶著一絲失落離開角板山。看著這些充滿野性的山林之子被沉悶的家務工作所束縛,這樣的場景帶有某種辛酸的可悲,簡直像是野獸被囚困在牢籠裡一般。

以竹筒取水的原住民。

福爾摩沙的原住民族與南海部族有許多相似之處,這種取水方式只是其中之一。

以手搖紡織機織布的原住民婦女。

佔據福爾摩沙南部的排灣族人十分崇尚染黑的牙齒和扁圓形的竹耳環。

一八七二年,排灣族人屠殺了一群遭遇船難的日本水手,日本人隨後對
他們發動激烈的報復。

頭飾的絕佳效果突顯了鄒族男、女飾品的特色。

這個部落擁有十分獨特的社會結構。所有土地都歸一個氏族——Hyofupa[5]族——所有,每位族人都會將整年收穫的十分之一繳交給這支氏族。名為 Kutsuba[6]的公共會所為所有超過十二歲未婚青年的居所。這些少年必須承受斯巴達式的嚴格訓練,以利培養紀律、勇氣與美德。

福爾摩沙一度成為日本和中國海盜的據點

福爾摩沙的多數人口當然是中國人。幾世紀以前，這座島嶼曾經是中國和日本海盜的據點，他們發現這裡是個交通便利的基地，能夠攔截行駛於日本和其他東方地區之間貿易路線上的商船。

直到十四世紀，第一批勞動階級的中國人——從事農業的客家人——因為在自己的國家遭到驅逐，因此來到福爾摩沙定居。之後，到了韃靼人入侵的時期，數千名明朝的效忠者來到這座島嶼避難。

接著，持續有一定數量的移民從人口過剩的福建省遷入，這兩地之間僅相隔著福爾摩沙海峽。這些來自福建的中國人人數遠遠超過其他族群，他們的語言被稱為「廈門話」，並成為這座島的本地語言。

當日本人在一八九五年中日戰爭後接管這座島嶼，當地的人口組成便加入了第三種族群。

從鈴鐺狀的耳環、獸骨和珠子製成的項鍊，可知這些原住民屬於布農族。

根據部落傳說，福爾摩沙的山地原住民布農族原來住在平原，直到一次不幸的大洪水災難
降臨。當時，有條巨蛇隨著洪水而至，並於暴風雨的大水中游向驚懼的族人。多虧一隻巨
蟹及時出現、拯救族人；經歷駭人的打鬥後，巨蟹成功殺害了那隻爬蟲巨獸。

阿美族的舞蹈：攝於福爾摩沙。

阿美族人已經終止獵首習俗，但仍堅持跳著
源自獵首凱旋慶典的古老舞蹈。

運水的平埔族婦女。

平埔族人四散於福爾摩沙西部的廣大平地。長久以來，他們與荷蘭人和
中國人通婚，因此至今幾乎已難辨別他們是平埔族人或中國人。

青春與年邁。

這個紋面式樣為魯凱族所特有。魯凱族人已停止獵首超過一世紀,他們現在是傑出的農夫。且因為與中國人來往頻繁,他們也成為技藝精湛的鐵匠和雕刻家。許多此部族的女人會穿著有長拖尾的裙子。

日
本
人
的
治
理

日本人大大改善了福爾摩沙的物質生活，其中
最重要的措施非現代法院莫屬。在過去的官僚
法庭中，最有「門路」的人總能勝訴（不消説，
門路即意謂著財力），而如今，舊式法庭已被
現代法院取代。現在人民的生命與健康也有了
更大的安全保障，不只因為日本警察體制是極
為全面且有效的組織，也因為他們所採取的衛
生措施幾乎已根除了瘧疾和鼠疫等疾病。

繁
榮
時
代

港口修繕、鐵路和橋梁大幅促進交通便利,但臺北城外的道路系統至今仍有待改善。

教育上也有進步,但由於同化政策,日本政府並不鼓勵設立本地學校。中國孩童就讀公立學校的比例僅稍微超過百分之十三,島上日本孩童的就學比例則超過百分之九十五。鴉片吸食是透過許可證來管制。現今仍約有百分之二的中國人抽鴉片煙,但此行為終將絕跡。

在當今仁民愛物的父系政府治理下,福爾摩沙無疑有著光明的未來。在此之前,這座美麗的島嶼從未享受過此等繁榮。舊產業日益繁盛,新產業收穫漸豐,國際貿易逐年增加,福爾摩沙人民的整體福利也穩定改善。

附 註

這篇文章是作者根據她在二十世紀初造訪福爾摩沙的旅程（更明確地說是數趟）之見聞而寫，後來發表於一九二〇年三月的《國家地理雜誌》。如今這期雜誌被收入第三十七卷，編號第三。伴隨她的文字，還有六十幅攝影照片[4]，都是有關福爾摩沙當時的日常經濟、受前殖民者和居民影響的景致，以及最重要的島嶼本身。

以電子版重現這篇愛麗絲‧約瑟芬‧包蘭亭‧柯潔索夫作品的計畫是 DW 在二〇〇八年初發起，並於二〇〇八年三月完成。根據美國目前的著作權法[5]，原始作品已屬公版範疇，因此是大眾共有的財產。

註 釋

1. 譯註：一八二六至一九四六年間大英帝國在麻六甲海峽周邊的殖民地，今屬於馬來西亞、新加坡、澳洲等地。

2. 譯註：作者在提及原住民時使用「savage」（蕃人）一字，為配合現今用語，改譯為「原住民」，唯「生蕃」、「熟蕃」、「蕃童教育所」等專有名詞仍保留「蕃」字。

3. 編註：地圖中 Mt. Morrison 即現在的玉山，Mt. Sylvia 即現在的雪山，兩者為早期西方人的稱呼。

4. 譯註：卡隆（Charon）是希臘神話中帶死者渡過冥河的船夫。

5. 編註：Hyofupa 不是鄒族的任何氏族名（clan name），/hu/ 與 /fu/ 可能因當時口述者的地域口音差，而記成 /fu/ 音，無論如何，依照原句，作者想要表達的是 Hupa（獵場或工作活動領域），與繳稅給擁有該 Hupa（領域）的氏族之一般原則。Hupa 在當代鄒語大致指「獵場」或「活動領域」，原則上不同的 hupa 屬於不同的氏族所有，其他氏族若使用，需知會該氏族，並在收穫後將所得的一部分，分給擁有該領域的氏族，即抽取所謂的「十一稅」。至於 hyo，推測可能是 hioa，意思是「工作」，無論打獵、種小米或採集根莖薯類食物都可以，hyofupa 即「獵場或採集食物的領域」，但是否屬於某氏族，作者並未寫明，因為這裡僅表達鄒族在土地使用慣習上的一般原則。（感謝政大民族學所廖晉儀先生協助註解）

6. 編註：Kutsuba 應為 Kuba（庫巴）的誤植，Kuba 是指鄒族的「男性集會所」。可能是因為當時的外國人看日文假名記音時將不發音的促音「つ」（tsu）標誌出來，而造成的拼字上的錯誤。（作者讀的資料是戰前的侯文，つ沒有分大小寫。）（感謝政大民族學所廖晉儀先生協助註解）

7. 編註：攝影照片由當時的臺灣總督府與樟腦局長官提供。

8. http://www.copyright.cornell.edu/public_domain/（二〇〇八年一月一日更新，二〇〇八年三月十九日閱覽）

浪人遊臺灣
哈利‧法蘭克和他的《日本與福爾摩沙一瞥》

蔡耀緯（臺灣大學歷史研究所碩士）

> Vagabond： （名詞）從一地漂泊到另一地，沒有家庭（通常也）沒有職業的人。
> （形容詞）居無定所。
> （動詞）像浪人一般漂泊。
> ——《牛津英語大辭典》網頁版釋義[1]

「漂浪王子」法蘭克

在二十世紀前半葉（確切地說，第二次世界大戰之前）的美國和歐洲，哈利‧阿佛森‧法蘭克（Harry Alverson Franck, 1861-1962）是一位暢銷旅遊作家。從一九一〇年首部著作《環遊世界漂浪之旅》（*A Vagabond Journey Around the World*）到一九四三年《南美再發現》（*Rediscovering South America*），他自己寫成的著作已超過二十本，加上兒童讀物、學校地理教學書籍和首部著作的改編本，以及身後數十年才得以問世的二戰戰史著作，合計多達三十部，可謂著作等身。[2]

這位德裔移民的第二代〔父系家族來自德東的施威林（Schwerin）〕很早就踏上了世界旅途。一九〇〇年夏天，才在密西根大學讀完大一的他，搭上一艘運牛船橫渡大西洋，當時他只帶著三塊多美元造訪英法兩國，然後在大二開學兩星期後返校。大學畢業前，他決心證明自己即使不帶武器、也不帶大量行裝和金錢也能環遊世界，於是在教書一年之後，只帶著一百多美元、簡單的行囊和一台照相機出發；這一百多美元多半

花在攝影裝備上，他則在世界各地的基層社會中打工賺取旅費，並與常民接觸互動，多半靠徒步移動。這趟為期一年四個月的環球漂浪旅行，不僅成就了他的首部著作《環遊世界漂浪之旅》，而且一出版就成為暢銷書，此後又多次再版。從此他以「漂浪王子」（Prince of Vagabond）聞名於世。十年後（一九二〇年），該書由他的妹妹萊娜（Lena M. Franck）改寫成精簡版《打工走遍世界》（Working My Way Around the World），此時原書已被譽為「近二十五年來最有名的旅行書籍」。這也是他首度造訪遠東，經由香港、上海來到日俄戰爭勝利後的日本。[4]

第一步的成功為他建立了繼續漂浪的信心，往後五年間，他在幾所學校任教，也為了親身體驗巴拿馬運河的工程，前往運河區擔任為期六星期的人口普查員和三個月的警察，並將這段經歷寫成了《運河區八十八號員警》（Zone Policeman 88, 1913），該書後來也發行英國版，甚至到了越南戰爭高潮期的一九七〇年代又再次出版，只是此時成了批判美國帝國主義的材料。[5] 他在從軍參戰之前，足跡還遍及西班牙、中美洲的墨西哥和宏都拉斯和瓜地馬拉，以及南美的安地斯山脈；美國加入第一次世界大戰後，官拜少尉的他前往法國擔任郵件檢查官，也在義大利參與戰事，因而結識了在巴黎擔任祕書和美軍志願護士的瑞秋·拉塔（Rachel Latta），當法蘭克在停火後潛入戰敗的德國旅行，並且平安歸來之後，兩人在一九一九年結婚，日後他們的女兒派翠西亞（Patricia）回憶兩人的蜜月「開始於一輛名為卡洛琳（Caroline）的別克汽車上五分鐘的駕駛教練，接著撞掉一家前門的階梯，煞車又在長長的下坡路上著火。」隨後他們結伴踏上旅途前往西印度群島和巴塔哥尼亞，法蘭克與另一位有接生經驗的旅客就在海上迎接長子小哈利（Harry Jr.）的到來。瑞秋也擁有冒險與挑戰的性格，兩人在旅途和寫作兩方面都成了合作無間的伴侶，瑞秋隨後也寫下了《我嫁了一個浪人》（I Married a Vagabond,

1939），從自己的角度回顧了兩人的旅途和婚姻。[6]

日本、朝鮮、華北、華南到福爾摩沙

一九二二年，法蘭克夫婦來到了遠東。他們首先抵達日本，從春季的北海道一路向南抵達鹿兒島，在五月的伊勢山田巧遇伊勢神宮每隔二十年舉行的式年遷宮儀式裡，他們看到全體市民共同參與「御木曳」，搬運神宮建築所需的珍貴檜木。[7]而後在六月初的長崎得知與上海之間的定期輪船即將通航（往返長崎與上海的日華聯絡船於一九二三年初開航），看到《華盛頓海軍條約》（一九二二年二月由英國、美國、法國、義大利、日本簽訂，限制各國海軍規模）成立後，剛完工下水就被廢棄的土佐號戰艦。[8]他們在最酷熱的六月到八月間抵達日本統治下的朝鮮，第一個留下的印象是朝鮮各地的缺少樹木，人民穿著白衣。[9]這時法蘭克採取的旅行方式，是將家眷安置在大城市中，獨自一人深入各地探索，在繼續往滿洲出發之前，他曾登上金剛山，到達朝鮮東北邊界的雄基（Yuki，今天的北韓羅津先鋒市。他從蘇聯的海參崴渡河越境）；隨後在滿洲、華北和華南也是如此，獨自以放射狀的路線走訪各地，最遠到達了滿洲里、大連、庫倫（烏蘭巴托）、青島、蘭州及寧夏和歸化城（呼和浩特）等處。[10]八月進入奉天時，他們目睹了第一次直奉戰爭落敗之後退回關外的張作霖軍隊川流不息地入城，對大帥的執法嚴酷也有所描述。[11]隔年他的長女凱薩琳（Katharine）在北京出生，一九二三年八月，法蘭克在華中的避暑勝地——廬山牯嶺，為即將出版的華北遊記寫下序言〔《遊盪華北》（*Wandering Through Northern China*）一書正是獻給長女〕，這時他的足跡也向華南深入，隨後展開與當時一般訪客有些不同的福爾摩沙之旅。一九二三年九月，法蘭克從江西南昌出發，沿著撫河上行，穿山越嶺進入南北兩軍往復爭奪的福建省，自邵武乘船順閩江而下，在十月第一天涉水進入颱風過境的福州城。他在福州會晤了時任省長的

海軍上將薩鎮冰（一八五九—一九五二），也參加十月七日的文廟祭孔典禮，而後乘坐日本輪船跨越海峽抵達基隆，登陸日本統治下的臺灣。[12]

之所以如此瑣碎地記述他來到臺灣之前的行動，一方面是他先從日本內地進入朝鮮、滿洲、中國，而後跨越海峽進入臺灣的路徑，不同於其他外國訪客從日本本土到達北方的基隆，或直達南方的高雄。研究十九世紀中葉以來中國及東亞旅行書寫的學者已注意到，在二十世紀初期的旅行指南，例如一九二〇年代日本國營鐵道發行的紅皮英文版東亞旅行指南裡，在地理上華北和華南被視為一體，但通常不包括臺灣，因此法蘭克乘船前往臺灣，其實是跳脫了多數旅行指南所建議的路線；[13] 法蘭克對這三部中國相關遊記〔《遊盪華北》、《漫遊華南》（*Roving Through Southern China*）及本書《日本與福爾摩沙一瞥》〕的安排，也顯示出他對此相當清楚：華北的遊記包含鐵道旅行沿途所經的朝鮮和滿洲，但福爾摩沙並不收入華南遊記，而是收入《日本與福爾摩沙一瞥》，即使他是在華南旅行期間前往的。如此一來既能清晰地呈現出政治現實（福爾摩沙當時仍是日本領土），也能讓讀者聚焦於中國見聞，而不致分心於作者個人。[14]

再者，也因為法蘭克這幾部遊記的寫作方式都是以旁觀者角度，面向與自己一樣並非專家的大眾讀者，試圖透過自認不帶感情、不做修飾地記錄自身印象和體驗，呈現出通商口岸的進步西化之外，專家、進步學人及老經驗人士見樹不見林的「真正」中國和日本樣貌，[15] 頂多依照地區排列而未必按照時間先後（例如《日本與福爾摩沙一瞥》開頭，法蘭克初到東京，因接待西方人的旅館毀於災變或擠滿難民而不敷使用，而被日本政府安排借宿公務員家庭的見聞，顯然是發生在一九二三年九月關東大地震之後，[16] 但其後從北海道到九州的記述則發生於前一年），因此必須細讀各書中所提及的

重大事件，才能推定他在臺灣停留的時間應是一九二三年十月中到十一月底；[17] 但限於筆者學力，從記述臺灣見聞的三分之一內容，目前只能辨識出一兩個時間點，未能釐清更為具體的時間表。

福爾摩沙一瞥

離開了西方人享有治外法權、宛如置身仙境的中國（他也多次承認，在治外法權保護下，他才能在中國內地旅行而不受危害），一到基隆，法蘭克立即體驗到日本人的「固執」和猜疑心：他因為護照上 t 字和 i 字的點線位置不合，而被警察扣留在船上長達兩小時，直到臺北的總督府外事課給予特別許可。警察還告誡，[18] 他攜帶的旅行指南記載有誤，照相機在全島都嚴禁使用。他乘坐火車抵達臺北，由於身穿正式服裝〔美國總統哈定（Warren Harding）在這年八月驟逝，美國仍在國喪期間。或許也因為美國駐臺北領事出缺 [19]〕，他得以參加新任臺灣總督內田嘉吉（一八六六—一九三三）的晚餐會，[20] 但在東門官邸（今天的臺北賓館）的晚宴中，與會的外國人卻被迫全程站立、無人聞問，還得付費購買難吃的餐點。這種與中國人接待外國人大相逕庭的無禮對待，自然令他聯想到日本人既抱團排他又要求他國公平對待、既刺探機密又管制資訊，以及仿製外國商品、壟斷運輸和市場等種種表現，並譏評日本人是「出色的模仿者」，「害怕別人偷走他們那些微不足道的小想法」。[21]

法蘭克對於日本人的評價整體偏低，他在日本本土和福爾摩沙為期不長的互動之中，感到日本人並不像西方人以為的那樣聰明，甚至不那麼潔淨；上層日本人或許較為出色，但多數日本人的身高、智識乃至幽默感都不如中國人，甚至不如他們所支配的朝鮮人，日本人的領袖崇拜和一板一眼，以及軍國主義和間諜習性確實稱得上是「東方普魯士人」，揣摩

上意、害怕冒犯、說話拐彎抹角則讓他們看來更不聰明，過多的禮節與粗魯行徑及漠視他人權益並存，男尊女卑的程度連西方人都難以接受，他甚至認為日本人無法成為優秀的飛行員；但他同時也稱許日本人的耐心、沉靜、勤奮，乃至日本女性的超強能力，肯定自力更生兩千多年的日本文明不遜於西方，且擅長效法他人優點，從而對於日本歷史上的禁教鎖國，以及一戰結束後與西方列強關係時好時壞，甚至對外國的不信任，偶爾也能同情地理解。[22] 中國人聰明開朗又樂天，但髒亂無序，而且抗拒進步發明，福爾摩沙的中國人除了比中國的同胞營養更充足、外貌更整潔、也更沉默之外，風俗習慣、階級區分和信仰都與天朝人無異，較早移居島上內山地帶，成為沿海移民與山地民族之間緩衝的客家人不僅驍勇善戰，食用原住民人肉（番膏）的習俗更令人震驚；法蘭克認為當時尚未完全臣服於日本、仍控制著廣大山林的獵頭原住民，才真正稱得上是「福爾摩沙人」，其中以北部的泰雅族最為剽悍，南部的原住民則多半已定居農耕，他們在馴化「歸順」後或許仍保有野性，但性格純樸耐勞，有些馴化的原住民在山地邊緣的樟腦寮工作或擔任基層警察、教員，有些則到了臺北成為人力車夫。

雖說是「一瞥」，但法蘭克在臺灣其實也停留了一個多月，除了煥然一新、紀律謹嚴，「就熱帶來說有點太大」的首府臺北城，他由北而南的鐵道旅行、由平地到山地的臺車旅行及沿途所見的鄉村風景，日式旅館的浴池、西式旅館的高昂價格和髒亂的福爾摩沙人客棧之外，統治者與被統治者的外貌差異和差別待遇、新聞媒體被噤聲、宗教自由被剝奪、風俗和道德今非昔比，以及殖民政府歷經數十年仍未能有效治理山地原住民，這些現象也沒有逃過他的目光。他在殖民政策上經常參照美國統治菲律賓、佔領多明尼加和海地的經驗，一面感嘆殖民者濫用暴力的藉口如出一轍，批評強制同化之失策，一面卻以臺灣人不考慮獨立，印證當時正在萌芽的菲

律賓獨立運動沒有出路，甚至在當時列強有意接管中國或納入「保護國」的輿論中，從日本統治臺灣和法國統治印度支那的現況，看到中國日後的可能發展。他對臺灣原住民的前途也抱持悲觀的態度：日本和全世界對資源的無盡需求，使他們必須支配臺灣山地，弱小的原住民難免在抵抗中毀滅、或更快在酒精中萎靡，獵頭部族終將被不獵頭的文明世界征服，而只能期待日本在取得資源時履行承諾，為原住民畫出保留區。他知道臺灣人的議會設置請願運動，以及這一年稍早發生的治警事件，也知道臺灣人受到日本殖民統治的榨取和差別待遇，但仍認為中國人的被動天性和追求安定，將使福爾摩沙的新生代習慣於日本的統治，而不像上一代或朝鮮人那樣銘記被征服的恥辱。

法蘭克對於一九二○年代的臺灣的印象與評價，與在他之前兩年曾走訪臺灣十天的英國軍官及前殖民地官員魯特（E. Owen Rutter, 1889-1944）之見聞對照起來，異同之處十分有趣。他們行經之處或許有所重疊，但行進方向、旅行性質、觀看視角、與在地人物的互動方式乃至母國各自面臨的處境大不相同，導致他們的所見所思各有所側重。[23] 由於篇幅有限，無法一一列舉，在此姑且各提一樁法蘭克注意到而魯特未能留意，以及兩人都曾留意到且對日後歷史產生相當影響的見聞。

相對於魯特在人口統計中注意到臺灣島內有些中國人因屬人或屬地原則而不具有日本國籍，[24] 從福州渡海前來的法蘭克，則注意到具有日本國籍的臺灣人，在享有治外法權的華南各地，特別是廈門製造出的社會問題「成了當地政府的心腹大患」，甚至成了傳聞中日本在華南搶佔地盤的口實。[25] 一九二三年下半年當法蘭克經由華南來到臺灣時，廈門的臺灣人和當地吳姓宗族爆發械鬥並互有死傷，事態因日本領事調派四艘驅逐艦（法蘭克記為六艘軍艦）前來保護僑民，並出動海軍陸戰隊登岸的「砲艦外交」而激化，直到十二月初

才達成協議，日艦在法蘭克抵達廈門當天撤離，史稱「臺吳事件」。[26] 但從隔年一月開始，臺人又因「平日攜槍遊行、殺人越貨，視為常事」而再度與廈門市民、當地警察、駐軍臧致平部隊和北洋政府海軍爆發流血衝突，並因日本領事再次出動軍艦干預，福建軍閥內戰波及廈門而愈演愈烈，直到下半年才得以解決，事件起於臺人拒捕殺害警探，因此稱為「臺探事件」。[27] 廈門「籍民」的教育和管理，此時已成為日本政府和臺灣總督府的一大課題，到了一九三〇年代的南進時期，日本政府更積極利用廈門和華南各地的臺灣人，作為殖民擴張和控制佔領區的尖兵。[28]

魯特和法蘭克同時提及一點：臺灣原住民來自馬來半島。魯特引用學術研究和早期西方探險家的記錄，指出臺灣原住民語言與婆羅洲部族語言及馬來語近似之處，並勾勒他們數千年來從上緬甸遷徙到交趾支那和馬來半島，再被當地民族驅趕而航行海上，最終來到臺灣的軌跡；[29] 法蘭克的旅行見聞則提及臺灣原住民的外貌與日本南方島民並無差別，連日本人都無法分辨，進而推論出臺灣原住民與日本人同樣源自馬來人。[30] 但將部分海域亞洲的人種歸類為「馬來人種」這樣的看法，是在一七九五年體質人類學之父布魯門巴赫（Johann Friedrich Blumenbach）宣告「馬來人種」的誕生後，才在英國的海峽殖民地建立過程中產生相關的論述。這種流行於十九世紀到二十世紀初的「假設」，所基於的往往是「外觀」上的印象，以及「慣習法」是否相同；換言之，所謂「原始馬來人種」，與十九世紀為了建立海峽殖民地而產生的「馬來人」，兩者從動機與本質上就是不同的兩件事，但卻在知識生產的過程中相混淆，而忽略了六千年前甚至八千年前的「原始馬來人種」究竟是什麼根本不可知的事實。[31] 隨後在一九三〇年代臺灣原住民「歸順」和皇民化的過程中，日本殖民當局有意識地運用這種外貌和生活習俗的近似，加上蓬萊仙島的起源傳說，以及豐臣秀吉時代高砂國進貢的歷史，

塑造出「高砂族」與日本人血緣及歷史的同源性質，直到第二次世界大戰結束，臺灣主權再次轉移之際，仍有日本人記載泰雅族人相貌和體格與日本人幾乎相同，以及兩者系出同源，其中一支日後前往東方島國的「祖傳故事」。[32]

法蘭克的《日本與福爾摩沙一瞥》收筆於紅頭嶼（即蘭嶼）非常原始的雅美族（即達悟族），同時也向讀者宣告，他在日本帝國的旅行到此告一段落，北方的千島群島、臺灣西部外海的澎湖群島，乃至於南太平洋的雅浦島和馬紹爾群島等當時由日本管轄的角落則只能割捨。[33] 隨後他重新踏上華南之旅，在耶誕節前夕抵達南方「護法」政府的首都廣州過年，對統治廣州的「總理」孫文（一八六六──一九二五）政治埋想與實際施政的落差，地方軍人割據橫行的實況，以及孫文政府試圖收回利權、提倡聯俄容共的事態發展有所評述；而後他以廣州為中心，先是環遊整個廣東省，踏上海南島，而後進入廣西、借道法屬東京前往雲南、貴州、四川，探訪了峨眉山和長江三峽，並遇見了尚未被文明世界征服的強大部族──倮倮人（彝族）。[34] 他在一九二四年十月初回到廣州，家眷從香港前來相聚，而後在十月十日乘船返回美國；當時廣州商人和市民正團結起來，欲驅逐與蘇聯結盟的孫文國民黨政府，衝突一觸即發（即「廣州商團事件」）。法蘭克並未親眼目睹雙方爆發的戰鬥，及商團被國民黨的黃埔學生軍鎮壓的過程，但他事後追述，認為孫文實際上在這次衝突之後因喪失人心而被逐出故鄉廣東省，即使孫文在隔年三月逝世時以布爾什維克自居，但國民黨人仍不願以蘇聯贈送的棺木為他收殮。[35]

後來的事

歷史學家克利福德（Nicholas Clifford）分析這位二十世紀前半暢銷旅遊作家的著作，認為他和十九世紀後半葉的英國著名旅

行家——皇家地理學會第一位女性會員伊莎貝拉・柏德・畢夏普（Isabella Bird Bishop, 1831-1904）——近似，他們都試圖將自己對於所到之處的生活體驗和社會百態，以自己的五感切實傳達給讀者（甚至有意記錄他人眼中不值一提的小事），而不受任何背景知識、利害關係或各種主觀意願（無論是引進技術和文明的傳教士，亦或追求民主與科學的「少年中國」留學生們，以及讀過幾本書就自以為可以一勞永逸解決中國問題的美國青壯年）[36] 影響；即使在十九世紀後半大英帝國鼎盛時期旅行的畢夏普，和歷經第一次世界大戰摧殘破壞之後旅行的法蘭克，其上路時的心態與關懷已不再相同。如同他自我定位的「浪人」身分，這種不受專業知識或背景拘束，不顧艱難險阻，只靠雙腳和相機（偶爾攜帶武器）就行遍天下的風格，在當時受到許多讀者的喜愛，有人稱讚他是「我們這個時代最有名的旅行家」，也有人將他的《遊盪華北》和馬可波羅記載風土、民情和習俗的方式相提並論；但也有人認為他的記錄太過冗長，好像感恩節大餐吃了四、五遍，即使食物再好吃也都變得難以下嚥。法蘭克有意識地抗拒書寫「文學」，他只提供基本資訊和見聞體驗，也不會對所到之地的前途做出預言的「天真文風」，這不免引起批評，有人認為他投合了無知大眾對外地奇風異俗囫圇吞棗的喜好，卻無助於他們確切而優雅地理解外國。[37]

《日本與福爾摩沙一瞥》在一九二四年問世之後，隔年五月英國皇家地理學會的《地學雜誌》（The Geographical Journal）刊登了一篇書評，作者署名 O.R.，不知是否即為一九二一年曾在臺灣旅行十日的皇家地理學會會員歐文・魯特[38]？這篇書評相當嚴厲，從書腰上宣稱「日本需要一種新的觀察者」說起，直指法蘭克就算目光銳利，但仍需要在日本多生活些時日，才能夠真正觀察出一些名堂，而他所記下的一些「浮光掠影的印象」，在眾多介紹日本且提供寶貴資訊的既有著述面前顯得缺乏新意。他甚至連原創性的見解都有誤差，例如

他竟宣稱獨立的可能性對於福爾摩沙中國人來說「完全不值得考慮」；對日本遭遇關東大震災說出缺乏同情心的「東京的一大部分市區無論如何早該摧毀」，因為「泥濘河畔骯髒街道旁的嘈雜陋屋」配不上文明國家的偉大首都；並且認為日本對福爾摩沙原住民的治理「公正、人道而有效率」（倘若評論者正是魯特‧法蘭克的見解恰好與他完全相反），而他宣稱隘勇線的通電鐵絲網僅供自衛之用，顯然也是因為他不知道或沒讀過人類學家麥高文夫人（Janet B. Montgomery McGovern, 1874-1938）數年前親自走訪臺灣原住民部落的見聞。

當然，從常民角度出發，盡可能不帶感情、不受知識及時事牽絆地記錄日常生活見聞和體驗的「浪人」遊記，即使事隔數年之後重讀，都會感受到時代變遷與作者感受之間的強烈落差，更何況是在將近一百年後的今天？但不論作者主觀上如何自居客觀或不帶感情，其所記錄下的見聞也不可能完全排除作者個人的關懷，必定包含著作者所處時代的印記，乃至後世所感受到的偏見。今日重讀法蘭克在一九二〇年代造訪中國、日本和福爾摩沙的遊記，其意義也正在於此。克利福德注意到，法蘭克有意識地踏上乏人問津的旅行路線，從常民生活中發現「真正的中國」（以及「真正的日本」、「真正的印度支那」等），其實受惠於交通運輸條件進步，得以離開通商口岸的「白人城市」，看到多數觀光客未曾見到的景象；在刻意不顧中國追求現代化的一面，凸顯自古至今保持不變的各種風俗舊慣和民族性格之際，或許也不經意透露出美國人所正面臨的一九二〇年代工業化、現代化和移民湧入的衝擊，其追尋有別於他者的「真正美國」之心理需求，而從中展現的幽默感也就多半是挖苦在地人或其他西方人，而非反思式的自嘲，於是敘事者的角色不時浮出紙面，情不自禁下起指導棋。由此觀之，他所發現的「真正的中國」，實際上仍是「他想要看到的中國」，在面對真實存在的中國天翻地覆的巨變之時顯得蒼白無力。[39] 至於他所描繪的日本

領土福爾摩沙,是否在旅行者所見所感的「真實」與歷史上的「真實」之間,也有著如此耐人尋味的落差和歧異?就交由讀者們玩味了。

法蘭克在遠東的兩年多當中,除了造訪日本、朝鮮、中國和臺灣,也到了法國統治下的印度支那。此後他在賓夕法尼亞州建立了家園,但仍繼續漫遊全世界,第二次世界大戰爆發前夕,他已開始搭乘飛機旅行。美國參戰之後,六十一歲的法蘭克謊報年齡加入陸軍航空軍,首先在本土負責訓練飛行員,並為戰略情報局(OSS)標示歐洲和亞洲的重要地景圖像,一九四四年底奉命加入歐洲戰場上的第九航空軍,並撰寫戰史,但這部戰史命運多舛,先是軍方審查未能通過,終於等到軍方放行時,戰爭回憶錄在書籍市場上已經沒有銷路了,當二〇〇一年發行時,已是法蘭克去世四十年後。[40] 他在一九四七年以中校官階退役,往後數年曾受聘於豪華遊輪擔任講師,但這種行程在他看來遠遠偏離了旅行的意義,而他的遊記也不再受到讀者歡迎,直到一九六二年因帕金森氏症去世的他,再也沒有寫下任何一部作品。由於法蘭克在兩次世界大戰中都曾從軍參戰,而得以安葬於阿靈頓國家公墓,妻子瑞秋繼續活躍於地方社會,直到一九八六年去世前一週都還在巡迴演講,向人們介紹她和法蘭克共同去過的地方,以及法蘭克年少時代的環球漂浪旅行。[41]

臺灣學界在一九九七年開始重新注意到法蘭克的遊記,當時任教於臺灣大學歷史系的張洋培博士和夫人黃素鶯女士,在一九九一到一九九六年留學英國劍橋大學時,受中央研究所臺灣史研究院黃富三教授之託,從大學圖書館(University Library)蒐集臺灣史料、檔案及圖書,因而閱讀了法蘭克《日本與福爾摩沙一瞥》所見的福爾摩沙,回國後在《臺灣風物》雜誌上簡介這本書。[42] 此次《日本與福爾摩沙一瞥》後半部的中譯,以一九二四年版為底本,一切疏漏和錯誤由譯者負

起全責，自不待言。法蘭克的相關文件目前典藏於他的母校——美國密西根大學圖書館，但截至二〇〇七年為止尚未整理和編目，不知近況如何？[43] 倘若已獲得整理，或許今後可望運用其中的書信、報刊資料及相關檔案，對他這次福爾摩沙之旅進行更細緻的研究。

註釋

1. "Vagabond", https://en.oxforddictionaries.com/definition/vagabond（二〇一八年十一月十一日瀏覽）。

2. 著作目錄請參見法蘭克的後人為他設立的官方網站：http://harryafranck.com/books.htm（二〇一八年十一月十一日瀏覽）。這個網站主要是為了宣傳二〇〇一年終於得以出版的二戰戰史著作《穿越第九航空軍的冬之旅》（*Winter Through the Ninth*）。網站設立時，仍持續向大眾徵集更多未及列出的法蘭克著作。

3. 請參見法蘭克官網《環遊世界漂浪之旅》書介：http://harryafranck.com/vagabond.htm（二〇一八年十一月十一日瀏覽）。

4. Harry A. Franck, *A Vagabond Journey Around the World: A Narrative of Personal Experience* (New York: The Century Co., 1911), 457–60. 另請參見 Harry A. Franck, *Glimpse of Japan and Formosa* (New York & London: D. Appleton-Century Co., 1924), p. 122。

5. 請參見法蘭克官網《運河區八十八號員警》書介：http://harryafranck.com/ZP88.htm（二〇一八年十一月十一日瀏覽）。

6. Patricia Franck Sheffield, "Remembering Rachel Frank," http://harryafranck.com/rachel.htm（二〇一八年十一月十一日瀏覽）。

7. Harry A. Franck, *Glimpse of Japan and Formosa*, pp. 76-85.

8. Harry A. Franck, *Glimpse of Japan and Formosa*, pp. 139-140.

9. Harry A. Franck, *Wandering Through Northern China* (New York & London: Century Co., 1923), pp. 3-35.

10. 路線圖請參見 Harry A. Franck, *Wandering Through Northern China*, p. 12。

11. Harry A. Franck, *Wandering Through Northern China*, pp. 75-79.

12. Harry A. Franck, *Roving Through Southern China* (New York & London: Century Co., 1925), pp. 125-159, 160-195.

13. Nicholas Clifford, "With Harry Franck in China," in Douglas Kerr & Julia Kuenn, eds., *A Century of Travel in China: Critical Essays on Travel Writing from the 1840s to the 1940s* (Hong Kong: Hong Kong University Press, 2007), p. 141. 請參見蘇碩斌，〈台湾観光の二つの歴史——戦前と戦後における日本人の海外旅行〉，二〇一二年度公益財団法人交流協会フェローシップ事業成果報告書，https://www.koryu.or.jp/Portals/0/resources/tokyo/ez3_contents_nsf/0/9985292

037255ce449257b7c002bc433/$FILE/2012sushuobin.pdf（二〇一八年十一月十二日瀏覽）。

14. Nicholas Clifford, "With Harry Frank in China," p. 141.

15. Harry A. Franck, *Wandering Through Northern China*, pp. vii-ix, "Foreword"; Harry A. Franck, *Roving Through Southern China*, pp. vii-x, "Foreword".

16. Harry A. Franck, *Glimpse of Japan and Formosa*, pp. 3-12.

17. 《漫遊華南》敘述廈門見聞的第八章，法蘭克提及擁有日本國籍的臺灣人和廈門當地人發生流血衝突，導致日本派出六艘軍艦前來，甚至意圖佔領；但事態最終得到解決，日本軍艦在他抵達當天撤退。參照當時報刊史料，日本驅逐艦在八月為保護僑民而到達廈門，並派遣陸戰隊上岸，日籍臺灣人和當地人在九月爆發械鬥，並與中國駐軍衝突，中日雙方直到十二月一日才達成協議。請參見 Harry A. Franck, *Roving Through Southern China*, p. 200；陳小沖主編，《廈臺關係史料選編：一八九五－一九四五》（北京：九州，二〇一三），頁二五六－二五九。

18. 隨後在一九二七年三月底造訪臺灣的作家雷夫·帕里特（Ralph Parlette），抵達基隆時更在海岸上看到巨幅看板，明文規定「禁止攜帶照相機」。請參見ポール·バークレー（Paul Barclay），池上直子譯，〈「日本通」の目を通して見た台湾：太平洋戦争直前にアメリカ領事館が収集していた絵葉書と写真〉，《臺灣原住民研究》，12 (2008): 97。

19. 原任領事希區考克（Henry B. Hitchcock）在一九二二年十一月調任美國駐長崎領事之後，駐臺北領事一職懸缺一年，直到一九二四年由原任駐橫濱副領事古迪爾（Harvey T. Goodier）接任。請參見 http://politicalgraveyard.com/geo/ZZ/TW-consuls.html（二〇一八年十一月十二日瀏覽）。

20. 請參見〈內田總督の晚餐會　東門官邸に於ける〉，《臺灣日日新報》，一九二三年十月十七日；〈內田總督晚餐會〉，《臺灣日日新報》，一九二三年十月十八日。

21. Harry A. Franck, *Glimpse of Japan and Formosa*, pp. 185-188.

22. Harry A. Franck, *Glimpse of Japan and Formosa*, pp. 105-125. 請參見 Harry A. Franck, *Wandering Through Northern China*, pp. 56-57。

23. 關於魯特的福爾摩沙之旅，詳見 E. Owen Rutter, *Through Formosa: An Account of Japan's Island Colony* (London: T. Fisher Unwin, 1923)；本書已有繁體中文版，請參見歐文·魯特著，蔡耀緯譯，《一九二一穿越福爾摩沙》（臺北：遠足，二〇一七）。

24. E. Owen Rutter, *Through Formosa*, p. 94.

25. Harry A. Franck, *Glimpse of Japan and Formosa*, p. 162; Harry A. Franck, *Roving Through Southern China*, p. 200.

26. 上海《申報》關於「臺吳事件」的報導，請參見陳小沖主編，《廈臺關係史料選編：一八九五－一九四五》，頁二五六－二五九。

27. 一九二四年的衝突始末，請參見陳小沖主編，《廈臺關係史料選編：一八九五－一九四五》，頁二五九－二八八，引文見頁二六〇（《申報》，一九二四年一月六日）。

28. 請參見近藤正己著，林詩庭譯，《總力戰與臺灣：日本殖民地的崩潰》（臺北：臺大出版中心，2014），上冊第二章。關於廈門臺灣籍民的研究，

究，先前多半聚焦於他們作為日本協力者或抗日運動參與者的角色，例如王學新，《日本對岸南進政策與臺灣黑幫籍民之研究（一八九五－一九四五）》（南投：國史館臺灣文獻館，二○○九）；較為同情理解的角度，請參見江杰龍，《臺灣人在廈門活動之再探討（一九一一－一九四六）：以鴉片、走私、漢奸問題為中心》（臺北：國立臺灣師範大學臺灣史研究所碩士論文，二○一三）。

29. Owen Rutter, Through Formosa, pp. 241-247.

30. Harry A. Franck, Glimpse of Japan and Formosa, pp. 224-225.

31. 「原始馬來人」與殖民地建立過程中運用的「馬來人」兩種概念之差異，承蒙政治大學民族學研究所廖晉儀先生補充說明，在此致謝。

32. 請參見傅琪貽（藤井志津枝），〈臺灣原住民族的近代日本國家認同（一九三五－一九四五）〉，臺灣日本綜合研究所，二○一四年四月二日，http://www.japanresearch.org.tw/Column/Column_Fujii_110.html（二○一八年十一月二日瀏覽）；芹田騎郎著，張良澤編譯，《由加利樹林裡》（臺北：前衛，二○○○），頁八三、一三三、一五九－一六○。

33. Harry A. Franck, Glimpse of Japan and Formosa, p. 235.

34. 路線圖請參見 Harry A. Franck, Roving Through Southern China, p. 16。圖上並未標示法蘭克從福州到臺灣的行程。

35. Harry A. Franck, Roving Through Southern China, p. 649. 法蘭克在廣州停留時曾會晤孫文，整體來說，他讚許孫文的崇高理想和愛國情操，以及嚴格自律、閱讀求知的生活，但批評孫文作為熱情的宣傳家，擅長破壞而不擅長建設，實現理想的具體行動往往引發後患；領導廣州政府時期為鞏固地盤而引進客軍、橫徵暴斂，更與中國境內其他軍閥無異。請參見 Harry A. Franck, Roving Through Southern China, pp. 259-296。

36. 法蘭克對這幾種人的批評，請參見 Harry A. Franck, Wandering Through Northern China, pp. vii-ix, "Foreword"。

37. 請參見 Nicholas Clifford, "With Harry Franck in China," in Douglas Kerr & Julia Kuenn, eds., A Century of Travel in China: Critical Essays on Travel Writing from the 1840s to the 1940s, pp. 133-145。

38. O. R., "Review: Glimpse of Japan and Formosa by Harry A. Franck," The Geographical Journal 65:5 (1925.05), pp. 449-450.

39. Nicholas Clifford, "With Harry Franck in China," pp. 138-143.

40. Katharine Franck Huettner, "Harry A. Franck: A Brief Biography," http://harryafranck.com/hafbio.htm（二○一八年十一月十三日瀏覽）；Patricia Franck Sheffield, "Remembering Rachel Frank,"http://harryafranck.com/rachel.htm（二○一八年十一月十一日瀏覽）；"Winter Journey Through the Ninth," http://harryafranck.com/journey.htm（二○一八年十一月十三日瀏覽）。

41. Patricia Franck Sheffield, "Remembering Rachel Frank,"http://harryafranck.com/rachel.htm（二○一八年十一月十一日瀏覽）。

42. 張洋培、黃素鶯，〈哈利·法蘭克眼中的臺灣〉，《臺灣風物》，四八·一（一九九七），頁一九三－二○○。

43. Nicholas Clifford, "With Harry Franck in China," p. 203n5.

Glimpses of
Japan and Formosa

PART
TWO

Formosa the Beautiful

日 本 與 福 爾 摩 沙 之 一 瞥 ：
福 爾 摩 沙 部 分

Harry Alverson Franck

哈利·阿佛森·法蘭克

PART
TWO

位於福爾摩沙首府臺北的總督府。

人們往往疑惑，以福爾摩沙的熱帶氣候來說，
日本人是不是把福爾摩沙城市的街道修得太寬了些？

福 爾 摩 沙 的 日 本 特 質

倘若我直接從日本內地來到福爾摩沙，而不是過境中國幾個
月後才抵達這裡，或許我對其日本特質的印象不會這麼強烈。
但途經鄰近卻又大不相同的孔子之國（指中國）的體驗，使
得當前的統治者領有此島三十年來，在這個長年屬於中國的
島嶼上促成的改變，顯得格外醒目。無庸置疑，旅行的方向
若是反轉，從日本經由福爾摩沙到達中國，反而會凸顯這個
島嶼和昔日天朝上國的相似性。因為至少在人口稠密的西海
岸，福爾摩沙的中國特質仍與日本特質不相上下，而幾乎無
法到達的廣大山地則又是另一個世界，與島嶼歷史主要相關
的幾個大國都未曾留下太多足跡。

從福州渡海，跨越一貫風大浪高的淺淺福爾摩沙海峽的旅程，
讓我們乘坐的日本小輪船像俗話中的木頭那樣不分晝夜地滾
動，直到我們抵達基隆港口。度過了一段向來自由如極樂世
界的中國生活之後——因為外國人享有治外法權，我意識到
自己又回到天皇陛下所統治的土地，幾乎為此震驚。比方說，
死心眼的小個子警官客氣卻堅決地將我囚禁在船上兩個小
時，他必須打電話給首府的「（臺灣總督府）外事課」，為
我取得登陸的「特別許可」，因為我護照上的某個 t 或 i 字沒
有好好地交叉或加點，讓他注意到我的旅遊指南出現重大錯

誤。他細心指出,照相機不像那本紅皮書說的僅僅「在基隆會引起懷疑」,而是全島嚴格禁止!事實上,在那愚蠢的兩小時裡,他絕大多數的對話都在強調這個重點。我相信那本紅皮書通常準確、但往往不能無過的編纂者,今後會因此更加留意,不容其他這類敘述上的嚴重錯誤玷汙他精彩的篇章。當然,作者或許想讓自己的表達讀來略顯滑稽這回事,一板一眼的小日本人心裡是不可能想到的。

所幸,每天有十四班客運列車從基隆開往內陸十八英里處的首府——福爾摩沙大多數的地方和朝鮮一樣,都有兩個名字,因為日本人和他們的鄰居對同一組表意文字的適當發音始終無法意見一致,一個民族對 l 有多頭痛,另一個民族就對 r 有多困擾。天氣也很宜人;儘管島嶼北端的主要港口是全世界降雨最多的地方之一,每年降雨量約有十二英尺,但在我等待下一班火車的一小時中,最壞的情況也只是,沒多久就很可能下一場雨。豪雨倒不是太嚴重的事;除了十四班客運列車之外,閒晃者對基隆似乎不感興趣——防坡堤圍出的小港灣,幾座不許拍攝的堡壘,幾條相當現代的街道,兩旁是磚造的日西合璧樓房,既是商店也是住宅,它們全都被樹木稀薄的山丘環抱著,這是我搭乘的火車加速離開、讓我及時到首府午餐時所見的一幕。從那兒到基隆也有十四班列車,這多少意味著統治者有意在距離海岸一段距離之處設立首府,尤其當我得知距離首府五英里處有一個獵頭者泰雅族的部落,更加強了這樣的印象。

日本統治的福爾摩沙首府——臺北 (Taipei; Taihoku) ,通常被描述成全日本最新穎的城市。日本想要建設的時候,強迫島上的華人或福爾摩沙人居民拆房子毫無困難,但對內地的日本人就不能這麼做。形體上,臺北幾乎具備一座城市一切應有之姿,對於遠東乃至於幾乎整個熱帶來說,它是個令人驚嘆的地方。佔地廣大,街道寬敞平整——說實話,就這個

緯度來說太寬廣又太堅實——還有漂亮的公園、壯觀的政府大樓，南郊還有一片廣大的植物園。實際上，它在許多方面更勝於多數的日本城市，比起為數不少的美國城市也大有長進。當然，它的華人區比起最不髒亂的純華人城鎮更勝一籌，或許比紐約市的某些廉租公寓區（tenement districts）還要乾淨。

在中國停留數月之後來到此地，臺北給人一種古怪甚至異常的感受；因為這裡的一切井然有序，呈現出的普魯士式精確連普魯士都望塵莫及，與海峽彼岸中國人的失序截然相反。日本人的生活讓直接從中國過來的人感到非常一板一眼、按部就班。這種訪客會隨即產生一種印象：日本人對任何雜亂無序跡象之痛恨，一如中國人對此的熱愛。人們不免疑惑，如此井然有條，近乎軍事化的生活紀律，會不會連日本人都感到煩躁？福爾摩沙已多年不實施戒嚴了，但軍人的精準或許仍無意識地到處籠罩著。表面上對外人客氣、骨子裡卻猜忌的「外事課」，派了一位總督府中學校畢業生為我導覽城市，不論何時我們——或許應該說是我自己——跟不上軍人的步調，他總是一臉苦惱。整個臺北城的氣氛就是這樣。連身穿制服，書包掛在單肩上的小學女生走起路來也像受過訓的軍人，她們當中有些人穿著下駄（geta，木屐），在現代的碎石路面上登登作響，更多人則穿著鞋子，鞋跟以堅硬的普魯士式精準敲打著人行道。這裡的街道都不敢偏離既定的路線；白行車無聲地緩緩駛過，好似受到羅盤導引；表情嚴肅的矮小日本人騎乘於上、如侏儒般前後晃動的高大洋馬，循規蹈矩地小步跑著。公園和植物園一絲不苟地伸展開來；人們不免感受到，連人工池裡的大魚也不敢違法跳躍。每條商店街兩旁遮蔭地恰到好處的騎樓內，精美商店中的每件貨品位置都放得正好。相對於貪求木材的中國，以茂密植被填滿整座城市的那些樹上的葉子，似乎都以指定的方式垂掛著；就連東面近處的山嶺也看起來井然有序，這當然是錯覺，因

臺北和福爾摩沙其他現代化城市的商店街，
兩旁都有屋頂遮蔭的騎樓（亭仔腳）提供些許涼意。

日本人在福爾摩沙首府街頭巡行。

為無法無天的獵頭族主宰著那片領域。崇拜紀律的日本人應該會覺得這些獵頭族非常礙眼！

或許在雜亂無章的中國度過最近幾個月讓我有些誇大了，但臺北的日本特質至少是非常引人矚目的。大多數男人身上都穿著制服或依日本樣式修改的西服，就連女人也很大程度上更習慣穿著西式服裝，因為在百物騰貴的近日，絲製的腰帶（obi）和專業美容師是一般人負擔不起的。但柔道，也就是我們更為熟知的柔術（jiu-jitsu），以及武士風格的劍道，似乎是最受歡迎的運動——或者，由於日本人以近乎神聖的愛國主義看待這些競技，我們不妨說它們是個人體能鍛鍊的首要形式。電話亭裡的「這！這個嘛……」（あんの！あん…ん…の…）、「是這樣啊！」（そうですか）、「喂喂？」（もしもし），以及典型的日本人思考最小問題時都少不了的尖銳吸氣聲隨處可聞。官民敬拜的臺灣神社在圓山公園一座林木茂密的山腳下俯瞰著一大片蓮池，它屬於現代佛教的一個分支，彷彿原封不動地從京都搬來；而散布在城內的少數幾座神社都顯露出日本特有的潔淨，與中國的宗教場所完全不能相容。

人力車通常是旅人在遠東任何一個城市最先接觸到的事物，而此地的人力車車體和車資都高於中國。乘車的人會覺得自己騰雲駕霧——相對來說，到了付車資的時候就大失所望了。人力車夫也全都身穿制服——乾淨的全套夾克衫和長褲，就連頭上戴的蘑菇帽都是白色的，與海峽彼岸那些衣衫襤褸的樂天派有天壤之別。此地的車夫全是福爾摩沙人，也就是幾代之前來自中國的移民，偶爾夾雜著一兩個原住民，或有時是純種的「歸順蕃」（"reclaimed" savages），不久前他們還在「尋找獵首對象」，如今卻放棄獵取人頭，改行從事較不別致的獵取日圓之惡。但他們的外表都只會讓人看到更乾淨、薪資更高、紀律更好的華人樣貌。整體而言，福爾摩沙人看

福爾摩沙富有階級的仕女。

來不過是更被馴化、更壓抑、更安靜，也更常洗澡的天朝人，身上不時流著一些原住民血液。

福爾摩沙沒有電車軌道，因此首府這偌大的城市出奇地安靜；據說有十二萬福爾摩沙人和六萬日本人在這裡生活。人力車夫顯然不許攬客，他們只能小心輕聲地這麼做，因此入夜之後，他們會讓人聯想到西方大多數城市裡徘徊街頭、悄悄拉客的妓女。這與喧囂的中國的確呈現出反差，在那裡，一群大呼小叫的拉車人慌忙湧向每一個可能的顧客，至少有一個已跟在敢於步行一個街區的外國人背後開始叫嚷了。但在此地，他們即使在奔跑時也幾乎不發出聲音。但他們預計每小時至少賺得八十錢（sen），每天四圓，相對來說也跑得比中國的同業慢。這並非必然規律，但仍是東方的一項規律：你付給任何一行苦力的錢愈多，他們為你做的事就愈少。此外，在日本不可或缺的人力車夫，要價在三百圓到五百圓不等，反觀北京只要八十大洋（Mex），由此可知，更乾淨的制服和滋養更好的身體並非車資更高的唯一理由。

在日本統治下的福爾摩沙有件令人悲傷的事：大致上物價比日本內地高了百分之二十五，對於來自中國的旅人來說，這實在殘忍。儘管臺北有各式各樣的優點，卻幾乎找不到任何一個風景如畫之處。日本為外國人興建的旅館（鐵道飯店）美輪美奐，但收費簡直荒謬，令人苦惱地標準化，而且就像朝鮮和日本本土的眾多旅館一樣，泰半是空房。它的困境多半來自美國旅館經理固定價格的習性，因為它隸屬極不公正的旅館公會，它們將所有西方旅人在整個日本帝國裡的生活完全標準化，使得生活不再僅是必須，反倒更像某種奢侈品。

須有銳利的眼光，才能分辨出福爾摩沙的鄉下女人與其丈夫和兄弟之不同，
因為他們的服裝和工作都相當平等。

縱 貫 南 北 的 鐵 道 旅 行

幾班列車不分晝夜縱貫福爾摩沙，在南北兩大港市間二五七英里之運行，需要十到十二小時。此外還有支線，以及從基隆和南方的高雄延伸的路線，而在險峻的島嶼東岸，鐵道系統也正在施工，多年後就能環繞全島。一如日本人的控制和秩序，鐵道只在島嶼邊緣運行，未曾深入佔地全島四分之三，幾乎盡收福爾摩沙所有瑰麗的內陸雄壯山嶽。

在今日中國旅行近乎無法無天，連鐵道旅行都不例外的背景之下，這些真正的日本列車令人彷彿重返現代世界。人們大可忽視如同日本內地的米軌（meter-gauge），以及從歐洲仿製的火車頭折磨耳朵的尖銳汽笛聲；因為列車嚴格遵照時刻表，剪票員就連在三等車廂門口都會脫帽鞠躬——搭乘那種車廂的乘客，很可能是沒「臉」可丟，又習慣盡其所能精打細算拉長乘車距離的旅人；車廂地板經常灑水和清掃，更是遠勝於中國，在中國只有少數特製一等車廂的潔淨程度能和本地最下等的車廂相匹配，即使大多數福爾摩沙人遠遠不如日本人那樣標緻。但話說回來，會在一等車廂或二等車廂脫到只剩一條內褲蔽體的，並非福爾摩沙人。

不論是畏懼山上原住民（savages，原譯蕃人）的緣故，或是因

為更肥沃的土地仍然充足，山地似乎都還沒有開墾，就連基隆和臺北附近的山地也是如此。它們濃密而蒼翠，只見矮小的灌木而不見農作物，反觀低地上，只要沒有墓地，都種滿了稻米——一畝畝像朝鮮那樣只是綠色草丘的墳墓，還有像華南那樣石造的馬蹄型墳墓。寬廣但鋪設品質不高的道路與鐵道平行、交叉，道路上的橋梁看似不太牢靠，路上有自行車，隔了很久才會看到一輛汽車，更常見的是牛車和人力車，它們取代了海峽彼岸狹窄蜿蜒、鋪著石板的小路上顛簸行進的轎子（pole-burdened carriages）。

此地就連田野都整齊劃一，一排排豆莢或甘蔗、番薯和木藍以堅定不移的閱兵隊型伸展開來，有時一路延伸到遠方山麓。紀律無處不在，就連直接從中國前來的旅人，很快也不會再驚異於每一站上下車的旅客毫無推擠騷亂，也沒有跋扈軍人和其他頭面人物或社會權貴，不買票就把誠實的旅客擠下車。車站反倒都是如此相像、規格統一的，人們甚至可以確定，衣著華麗的站長手上可敬的筷子，都指著同一個方向——或許就是東京所在的東北方。車站的樹木井然有序，排成閱兵行列，修剪得一如育幼院院童的頭髮。站員們在列車交會或換軌時文風不動地立正，手舉綠旗向駛近的列車揮動，另一手在前進方向一側立起紅旗，經由他們恩准，列車才能前行。

鄉間多少保留了中國的別緻。破布繫在魚竿末端，由老太太、頹廢的祖父、年紀太小拿不動鋤頭的兒童揮舞著，或者只是任風吹動，盡可能嚇走破壞農作物的鳥類。水牛偶爾晃動著前身，向鳴笛而來的侵入者發出挑戰，但總是即時回心轉意，掙扎著游過泥濘的水田離去，完美呈現了大勇。在鐵路大站裡，如同在日本一般，戴著紅帽的人們小心翼翼地在屋簷下等著旅人召喚他們提行李，戴著綠帽的小販則在月臺上穿行，兜售著無所不在的「便當」（o-bento），並叫賣著懂得英文的人側耳細聽都聽得懂的商品——「火柴（Matchi）！菸

草（Tabako）！蘋果汁（See-dare）！柑仔（See-tron）！啤酒（Bee-ru）！冰淇淋（Aisucureemu）！」

縱貫鐵路在接近島嶼中部之處（竹南）分為山線和海線，前行一百英里又合而為一，那段緊鄰著荒涼海濱而行的路程頗為沉悶，髒汙的退潮難得在遠處呈現一小片蔚藍，觸目所及是一片狹長地帶；或是走向陰鬱的山麓，那兒散落著各式各樣的鵝卵石，偶爾夾雜著一小片耕地作為綠洲。同樣這些鵝卵石裝進網籠裡，築成了壯觀的堤壩，保護鐵路用地不受雨季時怒濤洶湧的河川侵襲。福爾摩沙眾多的河流都很短，但它們存在之時全都放肆奔流。日本人看來非常喜愛的隧道多不勝數；有哪裡的電報線像日本人的島嶼一樣多？它們本身似乎就令人聯想到間諜性格。

在福爾摩沙南行的旅人，實際上是深入熱帶地區。香蕉樹林越來越多；稻米和蔗糖一路延伸到高山腳下，有時相距甚遠；竹子在濕熱的空氣中慢悠悠地搖曳著羽毛，並和棕櫚樹在山坡叢林裡爭奪立足點，這樣的山坡又被陡峭多石的水道切開，雨季的洪流自此傾瀉而下。而在地理上，旅人也脫離了溫帶；嘉義南方不遠處的一面告示牌上，標示著北迴歸線在此通過，它幾乎將島嶼平均分成了地球的涼爽區域和赤道區。

這時，有著簡陋橋梁的平整公路，愈往南行就愈退化成失修的泥土路，雖然前輪小、後輪大，以水牛拖曳的四輪車，仍以自我選擇的速度繼續行駛到島嶼的盡頭。集體村莊有著樸素的中國式屋頂，彷彿它們不敢像發源之地那樣將古色古香的簷角翹起。相較於中國，整個島上少有顏色或香氣，但女性服飾卻有某種花俏，隨地區不同而有程度多寡之分。沿著鐵路即可見到這些風格結合在一起：廣東女人在頭髮上戴花，福州農婦戴著歷史悠久的「三把刀」頭飾，來自廈門和汕頭的女人也帶著各自對得體妝扮的獨特觀點，而福爾摩沙鄉村

女人在這重要議題上有了其他想法。在穿越島嶼中部的一段長距離中，我看到本地女人笨拙模仿著誇張的日本髮型，梳理她們粗糙的烏黑頭髮，讓她們看起來像現代的鄉村藝妓；據說這種風尚是自發的，沒有一個臺灣女性會卑屈到模仿那些不受他們愛戴的統治者女性。

在那條區分熱帶和較不熾熱地區的假想界線以南，除了日本人，每個人都習慣嚼食我們所誤稱的檳榔。它其實是檳榔葉，從向上攀附的藤上長出，為了便利，這種藤通常種在棕櫚類植物最纖細的黃椰子（areca-palms）旁邊。它的果核連同石灰和其他配方，加進了做為基底的最重要部分——檳榔葉，而成了這種可憎習慣的使用物質。在一般情況下，中國人光是張開大嘴就夠難看了；當他們嘴裡流出檳榔汁，那副尊容更讓人躲得遠遠的。或許是因為黃椰子及其親密的向上攀附夥伴只在赤道地帶生長，因此在習性上，小島上的人民也受到地理區隔，儘管這個解答不盡令人滿意。

日文稱作 khaki 的柿子，以及木瓜和文旦（pumalo）這些柑橘屬的碩大果實盛產於福爾摩沙南部，外來者卻不一定像腳踏下馱的日本人那樣喜愛。從北到南，島上到處可見身穿長褲、夾克和蘑菇帽，與丈夫幾乎一樣的鄉村女性，在鐵軌旁鏟鵝卵石。我們的「助理工頭」（straw bosses）會對此尖聲大笑，或者讓周遭氣氛凝重下來，就全看他們的個人性情了！

帝 國 的 浴 池

我已經提過個人淺見：日本人不太通權達變。在福爾摩沙南
部的大港，也是鐵路幹線的終點——高雄，我再次明白了這
點。這個島嶼很小，罕見歐美遊客，首府的「外事課」堅持
要給我特別關照——這當然不是客套而已。我在高雄下了火
車，迎接我的政府官員出乎意料地是一位迷人的紳士，證明
了在有利環境中較聰明的日本人也能被琢磨發光；他的英語
無懈可擊，此外還是一位基督徒，無論這有什麼差別。他犯
下一個不可原諒的錯誤，竟誤認我是個重要人物，我們隨即
坐上他的大馬力自動車，飛馳趕往高雄最好的旅館[1]。正是這
間旅館一成不變的日本特色，加強了我原有的印象：日本人
並不輕易適應新環境。從入口的拱門到小小的後花園，高雄
的首要旅館就算是放在東京市中心，而且是隆冬時分也沒有
什麼差別。在人們脫鞋換上旅館拖鞋的門口層架之間，同樣
是光滑的木地板；鋪著地墊的方形房間，幾乎和那間我被安
排的，有著紙糊的障子（shoji）和可滑動的外層木門密封起
來的接待室一樣大。房間中央鋪在地上的三、四床棉被，若
是一月時在北滿洲，這就是絕佳的床鋪了；若在熱帶的十月
初夜晚，被單將會比這種和服形式的寒帶棉被更受歡迎，日
本人的訪客在所有的氣候和緯度下，都對這種一成不變的棉
被感到窒息，否則就只能不蓋被。在清晨前一刻，即使在福

爾摩沙南部都有些寒冷，幾乎填滿了整個大房間的巨大蚊帳
也難以完全抵禦。這間旅館是日本式的，也意味著夜裡照亮
了旅館的電燈，熾烈地直刺假寐者的雙眼，儘管他可以關掉
頭頂正上方的那盞燈。

即使其他所有的聯想都不足以說明，但光是浴池就可證明日
本如何徹底地移植到了帝國的最南端。旅館女主人引領我來
到公共浴室；沒有一位體面的日本旅館女主人，會交由區區
一名女侍接待一位受政府關照而顯得尊貴的客人。她是位年
輕女子，有著不太標緻的種族所能生養出的標緻相貌，我很
確定，她極其體面，一如日本人對這個詞的定義；她在前年
夏天這個時候生下了胖娃娃，而她的丈夫一定不曾對日本人
觀點中妻子的任何不體面行為忍氣吞聲。一道影子投射在浴
室門鑲嵌的玻璃上，顯示有人在裡面。我知道有些女性在這
種情況下會掉頭離開，但我的日本女主人卻把門完全拉開，
親切地邀我和她一起進入。

在潮濕的地板中央，一個年輕人站在蒸氣繚繞的巨大木澡盆
及用來沖洗半熟成身體的小木桶之間，據我從稍後的對話所
知，他和我一樣都是前來投宿的外地人。他披著一條濕毛巾，
臉上露出歡迎的笑容。在伸手可及的牆上掛著一條大浴巾，
足以將他完全覆蓋；他甚至可能轉身背對我；但他是個受過
良好教養的日本紳士，無法在這個暫時住所接待客人時還耽
溺於自私的個人行為。他殷勤地向我們兩人鞠躬，以手勢和
言語要我別客氣，然後平靜地微笑佇立，彷彿身上正穿著佩
有旭日章的大禮服。

更加老成持重的美國女士這時可能會想出合適的藉口，而小
心翼翼地退下；當然，我的女主人不可能想讓我蒙受如此失
禮。她留下來向我說明肥皂放置之處，指出熱水盆及散落地
上的木製洗澡盆、以及要冷卻熱燙皮膚時可使用的冷水龍頭，

日本人在福爾摩沙每一個重要城鎮都興建了神社，
但當地居民信仰神道或崇拜天皇的進展卻很有限。

並表示這一切都任我使用，即使無需天才或她的親自協助就能猜到。她同時和那位面帶笑容的紳士說話。我用貧乏的日語得知，她希望他的房間能令他舒適，他說很舒適；能否請她及時叫醒他，好趕上清晨南下的火車？社交在這吉利的起手式之後順利進行，兩人似乎在比較大地震中喪失的朋友或敵人人數，以及淑女和紳士在餐桌上或舞池中可能談到的其他話題[2]。最後，這位渾身濕透的客人恪守禮節，未曾在社交需求之時不得體地表現出急於處理個人小事的跡象——他信步走過毛巾架，雙腳穿了橡膠拖鞋，殷勤地向我們說聲晚安後，便慢吞吞地步上走廊。

我的女主人無意跟進，而是客氣地等我脫下進來時所穿上的且剛洗淨的和服。她的態度並未流露出中國人試圖了解外國人如何洗澡、或外國人全身上下的皮膚是否顏色相同的那份好奇；關於這些問題，她大概早已有了解答。她只是像一位周到的侍者那樣侍候著我，一如她在晚餐席上侍候著為我斟上啤酒或添滿米飯。也許她打算在我背上抹肥皂，或者……幸好，她的丈夫終於探頭進來，鄭重地向我鞠躬，告訴太太新的客人來到，需要她照料，請我務必允許她告退。當然這並非向壁虛造的丈夫猜疑太太情節，響遍旅館的三下拍掌聲便可說明這點。的確，一個日本人在高雄的首要旅館裡，會像看見皇居的護城河那樣賓至如歸；就連在地板上躺幾小時的特權要價五圓，都會令他想起內地的昂貴價格。

福爾摩沙人仍最珍視中國式的寺廟或鬼神祭祀。

譯註

1. 一九四〇年（昭和十五年）出版的《躍進高雄の全貌》在旅館業界的部分列出了四家大型旅館，按照開業時間及作者來訪時間推算，他所居住的高雄這間旅館，或許是鹽埕町的吾妻旅館和梅屋敷料亭高雄支店，其開業於大正二年（一九一三），以「港都最高級旅館，招待貴顯紳士」為標榜。中山馨、片山清夫，《躍進高雄の全貌》（臺北：成文，一九八五翻印），頁三一二。關於高雄的吾妻旅館和梅屋敷後來的故事，參看 AndleoRouens，〈吾妻旅館與梅屋敷〉，Facebook 社團「日本治台五十年史實記錄──失われた日本治台 50 年の歴史をさがし求めて」公開貼文，https://www.facebook.com/groups/boo15212004/permalink/1690555810958854/?__xts__%5B0%5D=68.ARDEC-X3DcIcLzhhNKqtz7RcvmrwoT0nnZeG38xiQsDllyq6okCu26pDxpSoORUqnvUTxPGos6xEcAKRL60VZ0_CirdZbCnS17K6yoZCGohl8ioyiZp0cFHePqD2Q5vlbnKXbok&__tn__=-R（二〇一八年八月二十三日連結）。

2. 一九二三年九月一日中午，日本關東地區發生芮氏規模八‧一的大地震，地震引起了火災，加上颱風來襲，導致東京、橫濱兩大城市幾乎全毀，死亡人數高達十萬五千人。下文提到阿里山生產的木材此時輸出到日本內地，供災後重建之用。

環 繞 每 座 城 市 的 中 國 城 牆

白天的高雄證明了自己是個小直布羅陀（Gibraltar），有一座
疏濬過的海港，現代化的日本人區主要興建在小海灣一端的
新生地，小海灣彼端則是福爾摩沙中國人城鎮，瀰漫著慣有
的和緩失序與氣味，兩者不久都逐漸消失在幾座相對荒涼的
山丘之間。猴子在山頂的灌木叢中蹦跳，偶爾在搖曳的樹枝
上停步，向下眺望牠們更為進化卻更受拘束的典型所創造出
來的成果；隨處可見棕櫚樹劃破濃密的熱帶天際線；日式花
園及郊外經過改良的叢林中花草茂盛。整個福爾摩沙的四季
在近距離內差異甚大，高雄的雨季是七、八兩月，在那時也
只有午後雷陣雨，即使高雄更接近赤道兩度半，但它的生活
比起降雨不斷的基隆，反倒不那麼沉悶。

一艘艘輪船載運著採伐自島嶼中央阿里山森林的木材，自高
雄啟航，提供東京重建之用。在一般情況下，日本內地的木
材自給自足，福爾摩沙的木材則輸出中國及鄰近各地。在高
雄，處理木材的苦力平均每日的工資為一圓，而鄰近國家的
農民和中國人的收入為四十錢，相較之下，後者無疑樂於付
出任何代價逃離戰禍連綿的中國。從高雄跨越福爾摩沙海峽
到廈門，只有一段短短的旅程——歸鄉的中國人配備著在福
爾摩沙取得的日本公民身分，以及隨之而來的治外法權，在

廈門成了當地政府的心腹大患，但這是另外一回事。最近為了皇太子攝政宮來訪兩日而特地興建的一群木造建築（此時無人居住且還未上漆），同樣是使用福爾摩沙木材，由於它們太過神聖，因此不許拍攝。而籠罩著日本帝國所有要塞地帶可怕的保密狀態，讓我腳下這相當美妙的景色也無法拍攝下來：規劃完善的現代小城鎮，藍色港灣彼端是更無章法的舊城，而在縮小版的海克力士之柱（Pillars of Hercules）外面，那時正有一艘下盤不正（knock-kneed）可憐的葡萄牙小輪船，在中國船長指揮下蹣跚進港，令人想起三四百年前的往事……

更南方的屏東（Heito）也有鐵路直達，穿越鳳梨園（人們通常誤稱它們為「樹叢」）及灌溉稻田用的中國式桔槔，這片景象映襯著後方的一座龐大無線電臺顯得怪異。然而，即使人們來到這麼遙遠的南方，除了標準規格的福爾摩沙日本城鎮，仍別無所見——或許可以具體說是福爾摩沙南部，因為每一個非日本人的嘴巴都被檳榔汁染得很醜陋。日本的男女學童都穿著各自的制服，背著始終如一的書包，排成個別的隊伍，在清新的早晨和熾熱的中午踏步——幾乎可說是昂首闊步——穿越塵土微揚的寬闊街道，連他們之中年紀最小的都清楚知道自己是這個翠綠熱帶海島的統治者一員。福爾摩沙學子們上學時也穿著一種制服，乍看之下有時很難分辨這兩個種族的學生；但其中一個種族神態自若，另一個種族生性散亂無章，甚至上下學幾乎都不排路隊，單單這點就足以說明了。這時，他們的父親則各自懶洋洋地坐在店鋪裡，或在地方政府辦公室裡勤奮地揮舞毛筆、鋼筆或使用打字機，拖著送貨車或抬著轎子跑過街道，或穿著警察制服不苟言笑地巡邏街頭；他們的母親或蹲坐在市場的水泥地上討價還價，或腳蹬木屐沿著人行道往返市場，身穿和服、嫻熟洗衣，在裝有拉門、有一兩棵樹遮蔭、適合栽植且花朵綻放生色的小木屋裡來回走動，或蜷縮在日本法律所能容許的最骯髒不適

的中國式土角厝裡——所有這些都遵照著同一套種族區隔。自行車和高大且裝有充氣輪胎的人力車不太迅速地駛過；郊外搖曳著比鉛筆還細的檳榔樹，若沒有它們，福爾摩沙的街道和家屋地板上就不會到處沾著紅色的檳榔汁。

福爾摩沙西半部從北到南的各個經已開墾的城市，大致都像這座城市，主要的差異在於大小。昔日的首府臺南仍保存著中世紀古堡的殘跡，讓人想起荷蘭時代，還有海盜首領國姓爺統治時所留下的幾處遺跡。鄰近臺南的荒地延伸到地平線彼端，被分成一片片淺淺的鹽田，海水在其中蒸發後看來更像一堆堆灰白的沙，而非最終精製的成品。每年從福爾摩沙西海岸的海水可以提煉三億磅的鹽，供臺灣或日本使用。在福爾摩沙的所有城鎮，就像在北海道，令人印象深刻的是日本人並非開拓者，而是官員或商人、公務人員或小店主、剝削者或資本家，鮮少是土地的耕種者或處女林的開闢者。

臺南或許保留了最多中國人的根源，而彰化（Shokwa）、臺中（Taichu）、新竹（Shinchiku）和桃園（Toyen）也是如此。舊城門被改造成紀念裝飾，令人想起昔日環繞福爾摩沙城市的中國城牆；錯雜祭祀著孔子、佛祖和老子，實則尊奉冥界孤魂野鬼的寺廟，吸引了成群信眾前來燒香；哭聲震天、風格浮華的中國人的葬儀，在寬敞到不自然的街道上緩緩行進，城裡所有的乞丐都帶著各種彩色道具，陪著這些流落海外的天朝人入土為安。這些內陸城鎮的中國人居住區，頂多只能做到日本人強迫的潔淨或便利程度。挑水人不再像中國那樣從河川取水、晃盪穿越城鎮，因為新統治者在家戶附近都設置了消防栓。典型的中國人無疑會指稱此事及眾多其他節省勞力、預防疾病的進步，導致苦力失業而全家挨餓。而在我國強制實行禁酒令、引進排字機（linotype）時，酒保和排字工人也發出了同樣的噪音。這種論點從福爾摩沙人的外貌看來是何等虛假！相較於中國大陸全境奮力掙扎求生的廣大人

民，他們可謂衣食無虞。

正是在彰化，厄運宣判我得在一間福爾摩沙人客棧過夜，由此顯現出這種可悲的住處與豪華日本旅館之間的天壤之別。沒錯，人們要在一條如同階梯般的通道起點脫鞋，這條通道由地面的店鋪向上延伸，客棧主人在店鋪裡賣些難聞的食物，但受日本影響的跡象也就僅此而已。脫下的鞋隨即和其他客人的鞋一起被扔進破爛的櫥櫃裡，能不和這些人太過攪和就好，到了早上還要很幸運才能從櫥櫃找出鞋子。究竟有幾代沒洗過的腳丫，曾穿過店家提供給挑剔的客人們，卻總是不合腳的老舊拖鞋，踏上從未清掃過的樓梯？我可不想自以為知道。

狹窄到令人不自覺側身而行的二樓走廊，有幾處淺淺的壁龕，幾乎全被比別處高出三英尺的樓板佔去，其上鋪著薄薄的草蓆。在每張中國人所謂的床上，都躺著一對穿戴整齊的男女，這是因為中國人睡覺時不習慣寬衣，但開口處疲軟垂掛、久未清洗的仿造門簾卻遮掩不住他們。其他客人全都在抽菸；多數人在吵架，或以中國人談家事那種令人不堪其擾的抱怨聲交談；有些人則已蓋上多數時候做為中國人全套寢具的難看被子。但這裡至少不會有浴室中的妨害風化行為——原因很清楚，這個機構不懂洗澡這回事，而且直覺和嗅覺上都能感受到住客的水平。最像是日本人熱騰騰浴桶的，是更狹窄的階梯窄角中一個堵塞的水槽，餐具、衣褲、便壺、老闆、僕役和住客全都無差別共用發臭的水龍頭。總之，我在福爾摩沙人客棧度過的這一夜，幾乎讓我重返中國。

失 序 的 福 爾 摩 沙

福爾摩沙值得旅人專程造訪之處，並不是平坦、人口稠密且現代化的西部平原，而是從鐵路任何角度往東望去都限定了旅人視野的崇山峻嶺。在我們冒險深入山區、可能無法歸來之前，未曾到此一遊的人或許不熟悉福爾摩沙的故事，但這些故事值得我們簡要敘述一番。當葡萄牙人第一次看見這座島嶼，他們以一聲讚嘆為這座島嶼命名：「美麗之島！」（Ilha Formosa!）[1] 早先日本人也稱之為美麗之島（高砂國），隨後他們使用西方的名稱，但後來恢復使用中國人的舊名「臺灣」，即今日的正式名稱。如今居住在島上的人，聽過這個葡萄牙文名稱的恐怕萬中無一，但它至今仍是舉世皆知的名稱。

中國人在隋代「發現」了臺灣，大約是基督之後六百年。那時沒有人對天朝的領土宣示提出異議，中國人或多或少統治著它。然後西班牙人和荷蘭人各自發覺這座島嶼值得關注，於是荷蘭東印度公司在一六二四年正式佔領了它。傳說記載荷蘭人初次登陸時，遇見了一群早已立足於島嶼南部、宣稱領有全島的日本人。荷蘭人並未和他們爭論，或許是想起了學生時代學到的迦太基歷史，他們謙遜地要求一塊牛皮足以覆蓋的地，好在這塊地上建造一個休息站。或許雙方語言的「覆蓋」意義不同；也有可能在這個黑暗時代，國際間的信

譽還不及現在這個典範時代完美。總之，荷蘭人拿出的必定是某種恐龍皮，或是恐龍的現代型——水牛皮，以中國人至今所採用的切牛皮方式將它切成一條條的，圈出空間興建了熱蘭遮城。

然而，天罰化身為國姓爺降臨在荷蘭人身上，這位父親是中國人、母親是日本人的海盜首領將荷蘭人完全逐出這個島嶼不過數月，荷蘭人的堡壘和「商館」、學校和教堂就幾乎不留痕跡，完全看不出西方人曾經踏足於此地。最後，這個島嶼以一種中國人的典型方式回到了中國手中，但從一六六三年國姓爺去世到中日戰爭為止，福爾摩沙的生活是一段與獵頭原住民漫長的血腥戰鬥，以及中國人移民自身無止境的反叛，任何人在島上都找不到安居之處。儘管毫無顯著的重要性，但仍值得一提的是，在這紛亂的兩百多年之間其中一年，大約是培里海軍准將（Admiral Perry）威逼利誘日本對全世界敞開門戶的同時，福爾摩沙曾經被美國統治過。

臺灣看似會持續下去的現狀始於一八九五年，在基隆港外海的一艘日本軍艦上簽訂了割讓臺灣的條約，基隆自此成了日文發音的 Kiirun。這部分倒是簡單；照中國人的說法，送些禮物給腐敗的滿大人，壞事就能達成。但征服福爾摩沙人又是另一回事了。他們被北京政府藉由貪腐的代表之手，將他們像私產一般轉讓給可鄙的外族這種卑怯行徑給激怒了，群起反抗前來索取主權的新主人。但日本人並未因為「福爾摩沙土匪」蜂起而氣餒，他們過去就曾競逐過福爾摩沙，此時已訓練有素。一年之內，通常被稱為福爾摩沙人的中國人（即使居住在島上大部分地區，生活自給自足，自歷史記載以來就幾乎完全獨立的山地民族，看來更適合這個名稱）就放下武器，俯首稱臣。

到此為止都很好；但在這些主要來自廈門及中國大陸鄰近地

區，一如既往定居於西海岸肥沃低地的近代移民背後，更早以前就從大陸渡海而來的客家人定居於山麓地帶。他們同樣習於戰鬥。數百年來，他們一直都是沿海居民與內山原住民之間的緩衝，而他們捍衛頭顱、不讓未開化部族獵獲展示於首級架的不懈努力，賦予了他們戰鬥的經驗，或許還有戰鬥的胃口。無論如何，客家人成了福爾摩沙人最重要休閒娛樂的專家。他們同樣能夠日以繼夜沿著險峻的邊界地帶（即番界）追獵敵人。讓他們戰勝的誘因或許更甚於獵頭的原住民，因為後者只需要新的頭顱來證明自身武勇，而客家人卻對原住民的人肉產生了胃口，他們的信念是略開化的種族普遍流行的：這不只是食物選項而已，他們的身體也可以汲取所吞食之人的勇氣和力量。也或許是他們的軍需部門在這些番界征伐中組織不善或腐敗橫行。無論這種習性源自何處，他們長久以來已慣於津津有味地享用原住民的屍體，而且顯然不曾產生不適的副作用。

這時，他們將注意力轉向了日本人。公正的旁觀者早已預見了結果，這是現代科學與原始的勇氣和武裝之間的較量。全島的反叛最終縮減為地方暴動，最後一次發生在一九一三年，導致近百名客家人遭另一種型式的獵頭者斬首。從那時候起，山麓地帶的居民成了模範公民，而日本人的未竟之業就只剩下征服真正的福爾摩沙人——山中的原住民（未開化民族，wild men），至今他們仍在進行這項工作。

這時，能幹的小個子日本人在他們已有效佔領的低地忙得不可開交。他們引進了稀奇的普及教育觀念，至少在理論上；他們沒收在外地主的土地，將它永久轉讓給實際的使用者，以鼓勵農業。他們二十年的勤勞造就了重大的轉變。全世界若想起福爾摩沙，所想到的或許仍是一片密布著原住民和森林，山脈高不可攀的土地。這些事物至今仍存在於島上，但它也有壯觀的現代建築、平坦的街道、鐵道、自動車路線、

師範學校和衛生機構。在日本人的統治下，它從全球最危險的居住地發展成最安全的居住地——只要遠離山區的獵頭族。現代的舒適生活與持續獵取鄰居頭顱的原始人之間的對比（在晴朗的日子裡，雙方幾乎能看見彼此），在今後一段時間裡仍會是臺灣首要的傳奇故事。

近幾年來，或多或少出現了關於某外部勢力可能接管中國的閒談——有人認為這是必然，無論是併吞整個中國，或是在動聽的「保護國」名義下接管。既然這種事可能發生，有鑑於今日盛行於這片廣大土地上近乎無政府的狀態，甚至令人嚮往，福爾摩沙也就讓世人清楚認知到中國可能被日本統治的發展，一如印度支那展示了歐洲「保護」下的樣貌。日本人帶給福爾摩沙人的物質利益無庸爭論，但在異族監護者強制監督下的生活，總體而言是不是一種更值得的生活方式，仍是個疑問。無論在天朝任何角落，都會給人一種天朝人愛好髒亂、失序、「敲竹槓」及貨幣幣值大起大落的這種印象。然而，為中國帶來大部分魅力的，不正是這樣的混亂狀態，甚至盜匪和亂兵的危害？而不僅止於中國人值得稱道的幽默感、不受抑制的歡欣，乃至其他一些不同於日本人的性格。

譯註

1. 其實葡萄牙人起初是在地圖上畫出一個變形蟲般的島嶼，稱作 Fremosa，隨後西班牙人航行經過臺灣，首次將臺灣形容為 As Ilhas Fremosa（美麗諸島）；日後西班牙人繪製的地圖將臺灣稱作 Hermosa，直到一六二四年，荷蘭人才將臺灣稱為 Formosa。漢人最初的稱呼是大員、大灣，指臺江內海一帶。到了一六二○年代，明人開始使用「臺灣」一詞，一六五○年代開始以此稱呼全島，清朝攻取臺灣後，正式定名為福建省臺灣府。請參見翁佳音、黃驗，《解碼臺灣史一五五○一一七二○》（臺北：遠流，二○一七），頁三○一四七。

Goodbye,
"Formosan Question"

再見了，「福爾摩沙問題」

此時的臺灣是日本帝國軍事和商業的前哨，將它誤認為其他
事物的訪客即使不至於失望，也會對此感到驚訝。日本人全
然是為了福爾摩沙人的利益而統治福爾摩沙的，因為只有這
麼做才有益於日本和日本人。民政當局的至高權威其實徒有
虛名，儘管在文書資料上可能是另一種樣貌，但人們經常可
以感受到暗地裡真正的軍方統治者的影響力。讓這兩個部門
在政策上發生爭議吧，無庸置疑，某一方的意志會凌駕於另
一方。在經濟上，臺灣完全處於日本人為日本利益服務的榨
取之下，一如政治上受到日本軍國主義者的統治。

被誤稱為福爾摩沙人的族群，構成了島上大多數的人口。
三十年前日本人到來時，這些與島嶼的關係多半只能上溯幾
代的中國人口，據估計有三百萬人；如今「日本人登記有案
的中國裔福爾摩沙人」又增加了一百五十萬人。即使是最不
經意的觀察者也會立即看到，所謂的福爾摩沙人其實就是流
落海外的天朝人。他們的寺廟、墳墓、迷信、服裝，幾乎所
有關於生死的觀點都是中國人的，特別是鄰近的福建沿海的，
因他們旅居在這個亞熱帶小島上的時間長短而略有出入。我
發現，沒有任何人願意證實他們仍有福爾摩沙中國人或客家
人食人的口腹之慾，但也沒有多少人堅決否認。在中國，這

福爾摩沙女學生們在日本人改建為學校的一間舊孔廟裡等待上課。

不管怎麼說，女孩總是女孩，
無論是在首善之區上學，還是在福爾摩沙的舊孔廟上學。

樣的事件隨處可見，至少在饑荒期間是如此。如同中國，而且不限於最底層階級，實際上照平均人口數來看，反而在底層階級不是那麼普遍——同樣不值得稱道的是倚靠妻子賣淫維生。中國人的用字遣詞總是很生動，發生這種事情的人家在鄰居之間被稱為「半掩門仔」（half-closed gate），把太太租出去的男人則被文雅地稱為「客兄」（guest-husband）。那些負擔得起相關花費，或苦無子嗣為珍貴的家族傳宗接代、祭祀祖先的福爾摩沙中國人，則會選擇納妾。階級區分和海峽彼岸也多半相同：戲子、剃頭匠、屠夫、手足理療師（chiropodist）、喪禮樂師和僕役受到輕蔑，被當成體面女子不願與之作伴的賤民。足以說明福爾摩沙人僅是移居海外中國人的無數細節當中，還有這麼一點：他們會告訴前來宣道的傳教士，傳教士的中國語講的是多麼與眾不同，能夠完美地學會發言者使用的這種可悲語言，想必是傑出的語言學家——然後一轉頭就問傳教士的老師們：這些西洋鬼子到底要說什麼？

我遇見了好幾位英國籍的長老教會宣教師，他們散布於福爾摩沙各地。有一天，我碰巧遇見一位在島上生活了將近四十年的西班牙神父。這兩個同樣勸人改宗皈依的教派，對於日本統治正負面影響的看法，遠比基督宗教兩大分支通常對於爭議問題的看法更加一致。能夠以母語說話的喜悅（他遺忘母語的程度明顯可見），無疑有一部分令他的語言、乃至如漣漪般擴散到神父雪白長鬚之下的情緒——但我不能講得太具體——更加生動。這麼說就夠了：從日本人接管本島之前許多年，他就派駐到內陸中一座大城市。

他發現每一位曾經打過交道的日本人，其智性發展都比福爾摩沙人遲緩，就連教育程度更高的也不例外。然而更愚笨的日本人總是能優先得到政府職缺，他接著說，職位也能升得更高，而且做同一份工作的薪資比福爾摩沙人高了五成到八

在一個內地小城重逢的福爾摩沙人同學，
如今他們的社會階級從店主到首府的教員都有。

成。直到最近，日本男人若娶福爾摩沙人就會成為福爾摩沙人，但嫁給日本人的福爾摩沙女人卻得不到日本公民身分。這位神父斷言，日本人在生活中賣弄著表面的現代進步——道路、學校、醫院、下水道、自來水、電力、電報和電話——他談論這些事物的時候，抱著西班牙人這個種族對它們仍然存有的鄙夷——但你一深究到這些事物的表面之下……各式各樣的不道德比日本統治前的舊時代更嚴重。商人倫理更形低落；上一代有頭有臉的福爾摩沙女性之社會行為仍然完美無瑕，這一代卻招搖且衣不蔽體地拋頭露臉，她們大多數人會為了任何理由（如十足的挑逗），將自己的愛獻給或賣給任何渴求的男人。

我自己也親眼見過不少這種福爾摩沙「新潮女郎」（flappers），這些女孩的階級地位高於農民和苦力，頭戴大量髮飾顯得俗麗醒目，身穿繡花的絲質外衣，褲子幾乎不會落到膝蓋以下——或許神父所說的「衣不蔽體」是指這個——絲襪隱沒在色彩鮮艷的小小布鞋裡。順帶一提，福爾摩沙的年輕一代幾乎不纏足了；日本人並未真正禁止纏足，不過多數「福爾摩沙人」出身的華南沿海，對於幾乎普遍通行於昔日滿清帝國的纏足風俗並不熟悉。但我僅從個人經驗中知道，這個受壓迫性別的新生代有著更多發自內心的歡愉，和更多西方式的生活自由。神父堅稱，我對這個情況的探究並不夠深入。或許我缺乏拉丁人對這些事物的敏銳天賦。看起來，在福爾摩沙也有很多道德操守並不嚴謹的日本女人，但由於她們的愛僅止於自己的同胞，神父顯然不太擔心她們。

他當然承認，福爾摩沙在大多數物質層面上都突飛猛進；日本人清剿了盜匪，所有人都能平安前往島上圍困獵頭族的鐵絲網以外的地方。就連政權轉移之前即已來到島上的基督新教宣教師——通常是嚴格卻頗為公正的批評者，對自己談論的事物有親身見聞——他們也急忙向日本人獻上讚美。然而

日本人唯一留下的福爾摩沙舊城牆，
只有散布於各處，作為裝飾用途的古城門。

他們之中有些人會接著說：「在道德和精神方面，恐怕不見進步。」或「福爾摩沙人的物質生活在日本統治下無疑更富足了，但在道德上也更加惡化。」比方說，在一夫多妻制的福爾摩沙幾乎前所未聞的賣淫，在新來的統治者引進之下，一如預期地在日本人的隔離形式中取得合法的地位，「為臺灣的許多居民帶來道德的災禍，日本人和福爾摩沙人皆不能倖免。」

神父繼續說，福爾摩沙的學校相當充足，而且美輪美奐──但這是供日本人就讀的。福爾摩沙人的學校數量從來都不夠，只要有可能不為福爾摩沙人新建校舍，他們就會被安排在舊孔廟之類的地方上學。日本人讀的小學校和福爾摩沙人讀的公學校是分開的，而且福爾摩沙兒童必須學習日語，因為教師被禁止以「福爾摩沙語」授課，這是一種福建方言，與廈門話最為接近。換言之，除非福爾摩沙兒童學會說日語，否則不得就讀公立學校，依照新法規（《第二次臺灣教育令》），今後也不得開設私立學校。當然還有一些私塾，即使在私塾中也必須教一些日語。天主教已經放棄了在臺灣為堂區教友設立學校的努力，按照這位西班牙神父的說法，新教宣教師白白把錢浪費在學校上。課堂上禁止談論宗教。不過，基督新教的淡水中學是一間有聲有色的教學機構，主要用福爾摩沙語授課。但也如同朝鮮的情況，古典經籍知識正在島上快速消亡。宣教師們熱切呼籲急需設置福爾摩沙人的大學，因為遠赴日本求學的福爾摩沙青年，學成歸來時其道德已嚴重敗壞。日本人對這個問題大概另有想法──相較於見識「母國」偉大、讓福爾摩沙的新生代得以日本化的契機，道德上稍有鬆弛又算得了什麼？

疾病被醫治了，我的西班牙人消息來源繼續說，但肺結核和花柳病卻增加了。如今貧窮的福爾摩沙人比起日本人來之前更少，但富人也更少了。我個人覺得這應當列入成就，但神

福爾摩沙富有階級的仕女。

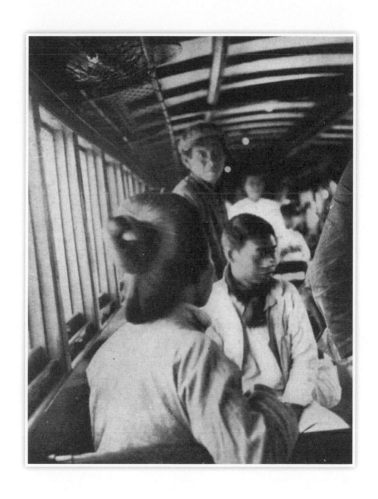

三等車廂裡通常有幾個福爾摩沙鄉下女人，戴著引人矚目的頭飾，
乍看讓人想起日本仕女戴的頭飾，但近看便發現形式很不同。

在西方人眼中，福爾摩沙的女人很少美得令人目不轉睛。

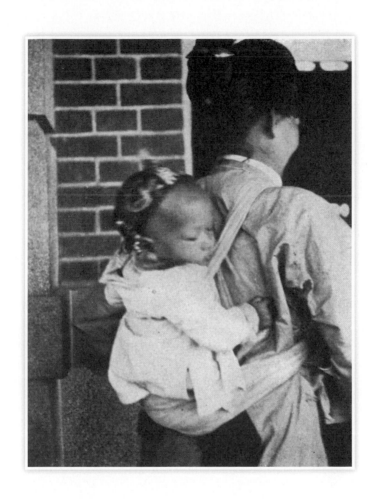

不論在福爾摩沙或日本，嬰兒都是揹在母親背上。

父將它說成是日本人剝削的例子。窮人在新秩序之下擁有更多銀幣和紙鈔，卻難以獲得更多食物。或許是這樣，但人們也會得到這樣的印象：光是看到這麼多嶄新的列車載著昔日大門不出的人們在島上任意移動，人生就不再那麼乏味了；屢見不鮮的大眾遠足和遊歷，當然也足以證實這個說法。神父最尖刻的一段抱怨是：島上所有的外國人，不論待了多久、為島上人民做出多麼無私的奉獻，全都受到日本人沒完沒了的猜忌。每一次他出城造訪自己管轄的外地傳教站，只要他出門旅行，他都得向警察機關詳細交代去處、時間和理由；即使是這樣，他們還是必定會派出間諜尾隨，查問他見過的對象、說過的話等等，讓他耐性耗盡。他有許多證據說明當局散播謠言，嚇阻膽小的本地人接觸基督教；他們憑著間諜手段，以及更惡劣的，戲弄上教堂禮拜的兒童，讓人們再也不可能改宗皈依。但這樣的當局卻一再宣稱，天皇統治的任何領土都完全享有宗教自由——這完全是說給外國人聽的。

確實，他的抱怨和我們在朝鮮所聽聞的有太多共通點，不能將它們全都斥之為來自過勞的狂信者的錯誤印象。大多數日本人，尤其是政府官員，並不讚許西方宗教及隨之而來的西方政治自由觀念在他們領土上有所進展。另一方面，我知道福爾摩沙的基督新教宣教師也說過：「我們懷疑哪個國家享有的宗教自由之程度『更大於』福爾摩沙人。不幸的是，一如他們出身之地的人民，對任何實用宗教道德要求的漠不關心，在這裡同樣顯而易見；最熱心奉獻於他們所謂宗教的人，往往也是這個地區道德最敗壞的人。」

有些福爾摩沙人採用了日本習俗，特別是木屐，外表因而顯得更高大莊重，但其實看來格格不入。我不記得有看過哪個朝鮮人穿著下馱及和服。福爾摩沙人忘記了被征服的恥辱了嗎？他們是因為生活在更遙遠的南方，使得性格更隨和，還是這些相對來說的移民擁有的古老中華文化與種族自豪更

少，因此從來不太在意自己被異族統治？傳教士/宣教師和其他長久居留島上的外國人熟習島上的語言，也對人民的想法略知一二，他們斷言福爾摩沙人確實憎恨日本人，但新的一代對日本人太習慣了，由於中國人性格的被動（儘管稱不上宿命論），他們不會主動去思考沒有日本人之後的生活會是怎樣。除此之外，若他們和故鄉還有任何聯繫，但如今在福爾摩沙人口佔了這麼大比例的昔日廈門苦力們，大概也情願接受某種日本式的精確（即使這同樣令他們煩躁），而非被海峽彼岸的盜匪劫掠或遭亂兵強迫做白工。因此，儘管「朝鮮問題」十分尖銳，在福爾摩沙南方僅兩百英里外的「菲律賓問題」也仍在持續，但「福爾摩沙問題」卻不復存在了。「獨立」這件事，就算在臺灣曾被考慮過，但顯然被認為是毫無希望的，完全不值得去想。

多 疑 的 統 治 者

福爾摩沙當局不只懷著猜忌看待所有的外國人，他們將日本
的偉大銘刻在島上的意向，更導致其對待外國人的禮節顯著
降低。他們一向對高加索人種最不友善，頂多視之為不受歡
迎的闖入者。日本人在種族上的抱團排他，在帝國最南端的
島嶼上更變本加厲。最基本的統計數據即不言自明：最近一
次人口普查登記在福爾摩沙名下將近四百萬的人口中，有
十七萬五千名日本人，而外國人只有一百五十名——除了近
三萬名不屬日本臣民的中國人。日本人在福爾摩沙從未真正
允許外國人取得土地，規定並不比日本內地更寬鬆——反對
加州土地法的人們，在這種情況下發出了怪異的論調[1]——
至少西方人的歸化也是罕見而困難的。政治上的日本帝國，
有如宗教中的婆羅門教和猶太教——不向他人開放；但這些
棕色小人在法規對他們利弊參半時，卻憤憤不平地抱怨起來。

高加索人種在福爾摩沙不僅人數稀少，地位也極其低落。三
位外國領事在皇太子攝政宮上次來訪時，是最後一批被引見
給殿下的人；他們是唯一受邀會晤攝政宮的外國人，在總督
發表歡迎演說之前就被打發走。我獲得一個有趣的特權——
出席新任總督的公開歡迎式，在我登岸的前一天，他乘坐軍
艦來到島上。由於我國正值國喪，我因此穿著平日由我國駐

福爾摩沙人的喪禮。

本島官方代表所穿著的正式服裝，而承受得住日本官方規定的夾擊。[2] 在雄偉的臺北西式旅館大禮堂中，整場封建的歡迎式進行下來，全場幾百個座位沒有一個是留給外國人的，受邀而來的外國人隨後在獨自站立著享用、難以下嚥的冷盤晚餐中——每盤三圓——也沒人前來招呼。我不得不提如此確鑿的無禮對待，與中國當局對外國人傾注的關照之間的強烈對比，即使後者在許多情況下並不比日本人更喜歡我們。

由於派駐外國的日本領事館需要從事大量的軍事情報工作，因此不可能說服日本當局和日本人——我國領事館僅限於從事商務。就連一位獲得正式委託的西方國家代表要求提供這些文明國家之間通常彼此共享的資訊，福爾摩沙總督府也會迴避和拖延，日本公司則有樣學樣。所有提交給外國領事館的報告，都必須經由一長串政府部門批准；每個人都不敢提供最簡單的資訊，害怕高層不予核准——而在日本企業和官僚集團中，高層人士確實是令人畏懼的存在。所有這類資訊都必須受到審查，每一級審查都盡可能拖延，最後送到了臺灣軍司令部。到了這裡，報告的重點總是會被刪去，拖延許久而且完全被閹割的回覆，又被一路「依照適當管道」發回那開啟整個流程的局處，由他們轉達。一旦某些公司直接答覆了領事，政府就會要求提交報告，並予以保存！日本人正是這麼出色的模仿者，這似乎讓他們非常害怕別人偷走他們那點微不足道的小想法。另一方面，我國駐福爾摩沙領事館的職員是個日本人——這就足夠說明問題了。

日本的沿海相關法令實質上確保了所有進出福爾摩沙的船舶都是日本船。當然，日本的進口關稅適用於帝國全境，這意味著一切輸入本島的外國貨物都要被課徵高額關稅，多數情況下形同抑制進口。結果，在福爾摩沙的市場裡幾乎只能看到日本貨，包括許多西方商品的仿製。一如在朝鮮，美國人居民在貨物通關時也會遇上無止境的麻煩，而且還會被問到：

何不讓自己的貨物從西雅圖或舊金山由日本船舶送來，暗示著這或許可以省去他們一些麻煩。開放給外國船隻前往福爾摩沙的貨運量十分有限，實際上極為罕見，除非由日本輪船停靠島上。這樣的政策當然很短視。若所有這些行經臺灣近海的巨大遠洋郵輪都在此地停靠，那麼福爾摩沙的觀光所得就會增長百倍。但就現況而言，只有某個勇敢或愚蠢的旅人，才會搭上某艘往返這個地方的日本沿海輪船去看它，即使他發現自己就在這些輪船行經的海港。純粹的外國公司在福爾摩沙幾乎做不了生意，除非他們在日本內地至少有一家代理商。本地公司不懂英文，它們也不願冒著向外人洩露交易機密的風險找人翻譯這些通信。所有這一切，加上美國人不願進行這種市場上小批量的銷售，以及美國商品似乎普遍存在且無可救藥的包裝不良的問題，都讓你沒有多少機會在福爾摩沙商店裡找到愛用的牙膏或可穿的鞋子。

譯註
1. 加州在一九一三年通過《外國人土地法》（California Alien Land Law），一九二〇年修訂，禁止一切無法成為美國公民的外國人擁有或長期租用土地，最多只能租用三年。其中以日裔移民受到這項法案衝擊最甚。
2. 一九二三年八月二日，美國總統哈定（Warren G. Harding）在全國巡迴旅行途中猝逝於舊金山，隨後遺體被運回華盛頓舉行國葬。九月六日，日本內閣決議由曾經擔任臺灣總督府民政長官的貴族院議員內田嘉吉，接替田健治郎出任臺灣總督。十月十一日內田一行人自神戶搭乘因幡丸號輪船出發，十五日抵達基隆，當晚在臺北鐵道飯店舉行歡迎會；法蘭克提到自己在總督抵達的隔天登陸基隆，由此觀之，他參加的應該是十月十六日在東門官邸（今之臺北賓館）舉行的晚餐會，出席者包括臺灣軍司令官、各部長官、各州知事，以及林熊徵、辜顯榮等「重要官民五十餘名」，並由新任總督致詞。請參見〈內田總督の晚餐會　東門官邸に於ける〉，《臺灣日日新報》，一九二三年十月十七日。

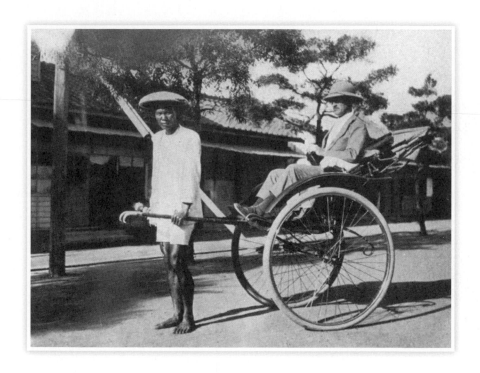

搭過了低矮粗短的中國人力車，
福爾摩沙的日本人力車高昂得看起來不只是車費而已。

前往一座古寺途中所見的繁花。

臺 灣 沒 有 自 由 媒 體

福爾摩沙的一位宣教師抱怨，真正的啟蒙和天皇崇拜幾乎不可能相容。他應當早就不需要在福爾摩沙度過這麼多時間，就能輕易理解到：即使他們有著政府的一切外貌，島上的政府（即使日本本國未必如此）其實仍是幕府政權，是某種封建政體，所有人都要在上司面前鞠躬哈腰，且無現代生活的衷心坦誠。思想最遲緩的登上高位者，同時也是世上最吝嗇最小器的人；相較於日本人，中國人開誠布公又正大光明，也很聰明，洋溢著幽默感。

臺灣沒有自由媒體，而阻撓自由媒體的障礙就是保密和獨裁統治。若牽涉到政府的話，幾乎沒有機會可取得任何消息，至少沒有機會取得正確的消息；如果是國外新聞，只在最輕微的程度上涉及政府，其嚴格的審查制度也會讓它無法公諸於世。因此，能在福爾摩沙報紙上找到的資訊，的確就是政府想要人們知道的事實。最近的一位總督說過：「讓涉及當局的評論和批評見報是不可取的。」無庸置疑，美國的政治人物對此也往往所見相同。而這位天皇任命的官僚，還解散了一個推動政治改革的福爾摩沙人社團，並心平氣和地發表以下言論：「憲法之精神，在民意之暢達、言論之自由尊重意味。故自然政社以得自由設立為主義，由國民一邊觀之，

誠有其權利。而同時立憲國民，亦於紳士之道德的態度，於無害社會之安寧秩序，及紊亂良善風俗之限度內，有政社的行動之義務。而國家對於不守此態度者，則於法的強制之，使無逸出規條之外，其負擔此責任，蓋無待論也。然臺灣議會期成同盟會，以設立特別立法議會為旨趣，則明為違背帝國之統治方針為目的之政社，雖如何亦不能容認。」[1] 許多參與籌組憲法所允許的政治結社，因而缺乏了此等紳士品行的人，如今都在臺北龐大的「模範」監獄中接受矯正，順便學習動手工作，而非動腦思考。[2]

換言之，儘管日本人模仿了西方的憲法（藉由模仿巴伐利亞憲法），至少那些統治福爾摩沙的日本人，其實對於「獲得被統治者同意的現代自由政體」這件事的意義並不真正具有概念。將日本對此亞熱帶島嶼的統治與波多黎各（Porto Rico）或菲律賓統治做個對照，後者的法律條文和法院甚至還在用西班牙文！相當可惜，福爾摩沙南方不遠處這個美國國旗仍然飄揚的群島，無法以福爾摩沙統治為榜樣來抵銷他們對現狀的不滿，同時也提醒他們：一旦贏得了某些滿腦子政治的公民喧鬧著的獨立，任何事都非常可能發生。

再回到這位抱怨的宣教師和他對天皇崇拜的指控。他繼續說：「日本憲法保障每位公民的宗教信仰自由；那麼，政府又怎能要求所有的官員及公立學校的每個學童（不管是福爾摩沙人或朝鮮人）向大皇的照片（御真影）鞠躬，並在神社參拜？因為只要『敬拜』一詞在英語或西方人心中還有意義，這當然是敬拜，不多也不少，即使有這種巧妙卻無用的解釋：『政府宣布：官方指示必須施行的一切禮儀，皆不應視為宗教行為，而是愛國行為。』」

一個嚴厲的政府要命令人民如此這般相信是夠簡單的，但人們的心智有時會故意反向運作。神道教在福爾摩沙的學校中

講授；潔淨的新神社在島上已被綏靖的地區也隨處可見；但我至今仍未見到哪個福爾摩沙人自願前往參拜，或是聽說有誰出於自由意志遵循日本人的教義。中國寺廟仍然保有島上大多數非日本人群眾的信仰；而我們大多數人也都傾向於同情他們的選擇，即使他們以祭祀鬼神為主的敬拜形式，或許比純粹的神道更低一等。

可是，對天皇崇拜的指控能夠成立嗎？有一天，我專程去問一位我有幸遇見最聰穎的日本官員，他是在西方國家受教育的，擁有那個層級的官員看似所能獲得最開明的觀點：更有教養的日本人如何看待乃木希典大將夫婦的自殺，他們是否追隨先帝去了彼岸？[3]他對於我竟然想到這個問題大感驚訝，連忙向我保證，「每一個」日本人都認為這是高貴的行為，而且值得效法。這次古老的日本式殉死行動發生的宅邸，被政府保存為國立博物館，當我們還在東京的時候，成群結隊的小學生不斷被帶去參觀，老師向他們宣揚乃木一生完美的愛國情操，尤其是他的殉死，極力在他們可塑的心靈中灌輸同一套更甚於中世紀的觀念，或許也獲得不小的成功。當局孜孜不倦地努力將同一套觀點傳給福爾摩沙的青少年，儘管至今還沒有證據顯示這些努力有所成果。

不久前，日本皇太子攝政宮正式訪問福爾摩沙（東宮行啟），有一部分無疑是為了這個目的。這次「劃時代」的出訪歷經數月的籌備，緊鑼密鼓的籌備過程使得總督和政府都無暇處理次要事務。我先前提過的高雄山頂建築群，就是為了皇太子下榻而特地興建的。它們是木造的，空間寬敞，足夠容納十幾個大家庭。皇太子在此住過兩晚，它們從此成為神聖之所，外人不得靠近，更不得入住。我有幸讀到福爾摩沙報紙上刊載的皇太子來訪報導譯文，儘管現代日本在本質上仍保存著幕府性格的這項證據，當然是無意公諸於世的。這一大批無意識地證明日本人實質上將最高君主奉為神明的證據，

日本人在福爾摩沙各地蓋了出色的校舍，至少是為了他們自己的子弟而建。

福爾摩沙南部的日本人學童出發去上學。

日本人說,他們自己也無法區分同胞和歸順的獵頭者;
但對於第一排的老師和他的兩個孩子來說,這些人都是山地原住民,
最高大的男人和他前面的小兒子都就讀小學一年級。

過去的獵頭者在日本人的腦寮工作幾年之後，多少都被馴化了。

其中幾件特別有趣。別忘了，這只是神聖的天皇陛下之子，我猜想他本人尚未成為現人神，人們只能推測，倘若天皇陛下本人的心智狀態適於親自出訪，這些荒唐事又會被聚焦到多大？[4] 一位震驚的記者報導，皇室顯貴「對水牛和轎子最感興趣」！這會讓極力展現進步成果的官員們多麼失望啊！兩百七十名便衣警察駐守在皇太子經過的路旁，但「他們躲在樹木及其他事物後面，因為當局要求他們盡可能不引人矚目，不讓殿下看見。」一長串指示也向福爾摩沙人民下達，僅舉出其中幾條就足以概括全文，表現出這次行程的氣氛。人民奉命：

一、 太子殿下來訪期間，不得患病及傳染疫病；
二、 殿下行經的道路兩旁，每棟建築都要懸掛日本國旗，違者重罰；
三、 衣著整潔、穿戴鞋襪；隊伍經過時脫帽致敬；不得使用望遠鏡或從樓上、高處窺視隊列……

如此這般，直到凡人侍奉神明適當舉止的最深處。顯而易見，未經官方許可的攝影恐怕也會觸犯死罪。

譯註

1. 此段引文參看〈臺灣議會期成同盟會は　主唱者の意は諒ごするが　統治方針に背馳　するがら涙を揮つて馬謖を斬つたと　竹內警務局長語る〉，《臺灣日日新報》，一九二三年二月七日；〈台灣議會期成同盟會竹內警務局長談〉，《臺灣日日新報》，一九二三年二月八日。竹內友治郎警務局長的公開發言，可說代表了田健治郎總督對臺灣議會設置請願運動的看法。

2. 一九二三年十二月十六日，臺灣總督府針對組織臺灣議會期成同盟會的議會設置請願運動者發動全島大逮捕，四十九人遭拘押，五十人被搜索家宅及傳訊，臺灣政治社會運動人士人人自危，時稱「治安警察法違反事件」，即「治警事件」。蔣渭水、蔡培火、林呈祿等重要參與者遭到起訴，判處監禁和罰款，但臺灣民眾的政治熱情未被總督府壓制，反而更加支持議會設置請願連署。

3. 一九一二年七月三十日，明治天皇駕崩，九月十三日天皇出殯當晚，曾任第三任臺灣總督、日俄戰爭時第三軍司令官，時任學習院院長負責教育皇族的陸軍大將乃木希典，在自宅與妻子靜子一同自殺。乃木在遺書中提及明治初年西南戰爭期間，御賜聯隊旗被敵軍奪走，時任聯隊長的他早想以死謝罪，時人也提及乃木對於日俄戰爭期間日軍的慘重傷亡（包括兩個兒子戰死）深深自責。乃木夫妻為天皇殉死，在當時被譽為武士道的象徵，受到廣大人民的感念，日本政府更將乃木宅邸保存為紀念館，在全國興建多處乃木神社，乃木大將以「軍神」之身成了二戰終戰前日本帝國家喻戶曉的英雄人物。但當時也有少數文學家和文化人批評乃木夫妻殉死的做法偏狹頑迷且過時。

4. 當時在位的大正天皇（在位期間：一九一二－一九二六）因長期健康和精神狀態不佳，因此自一九二一年（大正十年）起由皇太子裕仁親王攝政。

福 爾 摩 沙 的 產 業

福爾摩沙不只是帝國的軍事和商業前哨；它也很像是一家排外的公司，一個遭到大規模榨取的島嶼，「合法和非法雙管齊下。」一位用心觀察的宣教師這麼說。按照當時通行的俚語——除非在我離開了擅長創造發明的母國之後，這句話已經壽終正寢——「剝削是現代日本人的中間名。」或許他這麼做是無意識的，就像他對穿越國土的觀光客實施標準化，在觀光客人潮能夠負擔的範圍內，讓他們付錢和給小費那樣。福爾摩沙所有的重要產業都是政府專賣事業，次級產業也受到日本利益的嚴密管控。鴉片自一八九六年起、樟腦和鹽自一八九九年起、菸草自一九〇五年起、酒類從一九二二年起，成為政府專賣事業。就連糖也差不多成了專賣，即使山麓地帶的客家人仍在經營簡陋的糖廍，用水牛推動金屬滾筒來製糖。「所有這些專賣，」一份政府機關報刊寫道，「都是為了維護大眾利益、遏止投機，並維持整齊劃一的高品質。實際上，這些專賣也為臺灣總督府帶來可觀的利潤，即使這並非創立專賣制度的主要目標。」

這當然是幸運的事；因為我們接著將讀到，新近設立的酒類專賣在實施的第一年內，政府的酒稅虧損了一百二十五萬圓——先不要一掬同情之淚——但專賣的盈利為五百五十萬

圓。這真是一群揮霍又不切實際的人，才會忽視這麼一大筆利潤，直到意外發現了才知道！總有一些贊同政府專賣的說法，就像大多數人造或神意的裝置都會有人支持；但據我不專業的經驗所知，專賣制度的問題不僅止於提供政府官員盜用公款的強烈誘惑，各局處也會如饑似渴地為產品促銷，即使傷害消費者也在所不惜。

幾乎所有供應全世界的樟腦都在臺北的專賣局裡加工，本島吸食所需的鴉片也在此生產，因此值得造訪——若能進得去的話。我本人無法取得參觀鴉片工場的許可，也還沒遇見哪位更幸運的外國人。對於日本人正在福爾摩沙全島禁絕鴉片的這種說法，我也只能聽信傳聞。

中國在西方各國逼迫下將港口和市場開放給鴉片貿易的故事，實在太老舊也太丟人現眼，不值得在此重述。中國移民將吸食鴉片的習慣帶到了福爾摩沙，日本人接管島嶼之時，福爾摩沙中國人吸食鴉片的比例十分可觀。日本人發給吸食者執照，對無照耽溺鴉片者科以重罰，並訂下截止日期，從那天起不再發給新執照。恐怕連這個巧妙的計劃也不盡然是日本人發想的。我想起在東方某地，在一個曾被良好治理的中國省份，當局在很久以前曾經發給每個鴉片使用者一張執照——形狀是一片約數英尺長的木板，此人鴉片成癮的證詞以紅色大字寫在上面，每次持有者想要吸食，就會被迫親自舉著這張執照，毫無遮掩地走到持有政府牌照的鴉片煙館，就連最有財富或權勢的人也不准交由僕役代替。這個令人讚賞的計畫，對於一個「丟臉」使人創鉅痛深的國度加倍有效，自然也就任其束之高閣，一如中國眾多的良法美意。我倒不至於提議這樣的想法，它可能在一個投入代價高昂的努力禁絕致醉酒類的國度派上用場，但政府的構想並不受跨國版權保障。

日本人在福爾摩沙並沒做到這麼過火，但據說他們藉著拒發新執照和不斷調漲藥物價格，已成功杜絕吸食鴉片的習慣。不幸的是，就連官員都不能否認，比純粹藥物傷害更大的古柯鹼、嗎啡和鴉片製成品仍在大量製造，例如在英國、美國和日本，並由日本人大量走私進入臺灣。

在福爾摩沙不論男女也幾乎不分年齡和種族，都使用菸草。撇開這可怕的雜草對生理、心理和道德系統可能產生的邪惡影響不談——你看得出來，我和基督新教宣教師過從甚密——一個很容易就能找到更好的方式、把有限錢財花在刀口上的人，花在菸草上的錢卻多過惡用錢財的鴉片。臺北的總督府專賣局菸草工場是個模範機構——儘管它雇用了數百位福爾摩沙青春少女，這點實在令人無言——因此，它是「外事課」樂意對外界展示的事物之一。兩位菲律賓青年盡心盡力研發出了致死率稍低於日本內地品項的雪茄，但在香菸和抽菸草可說是普遍嗜好的土地上，只不過是副業而已。或許以下這件不尋常的事並無任何可疑之處：使用空心吸嘴、須以手工製作的日本香菸，在福爾摩沙的售價遠低於機器製造、將花生油混入菸草以符合中國人口味，而由非日本人的福爾摩沙人出品的香菸。

臺灣許多山麓地帶都散布著緊密的小樹叢，第一眼看去只是讓人對其排列的規律產生興趣，然後才會想起每年輸入美國的九百萬到一千萬磅「福爾摩沙烏龍茶」，儘管我們大都認為這種茶絕非美國人喜愛的提神飲料。在生產季節，橫越太平洋的日本輪船都會停靠臺灣載運茶葉，但如此重要的福爾摩沙產品為何仍只是日本人事業，而非總督府官方的專賣事業？表面上看不出所以然。可能是因為日本人缺少製備茶葉所必須的設施之一，或者是因為他們的祖先所見不及於此，又或者是因為他們過於耽溺。無論如何，日本最重要企業之一的官方品茶人，一年有六個月的時間都是以品嚐無數盤未

經加工和泡過的，或以一種怪異的調合方式取自「布朗克斯雞尾酒」（the Bronix）的茶葉，作為其日常工作，另外半年則賦閒無事。

儘管福爾摩沙開採了不少煤礦，但品質不佳且含硫量高，它能發展出用之不竭的電力實屬幸運。一趟深入日本人真正掌控之內陸區域的愜意旅行，帶著人們來到了以昔日一位荷蘭宣教師為名的干治士湖（Lake Candidius，即日月潭），這是一片海拔高度可觀的美麗水域，四周環繞著迷人的群山。此處開鑿了一條隧道，將一條山溪的水引入湖中，水位因此高於正常高度六十英尺，出水道前兩英里一千英尺高度差所產生的電力，預計將用來供應全島。目前這項計畫因資金短缺而擱置，一如奢侈的戰後世界許多傑出或未必出色的工程。順帶一提，當福爾摩沙人的愚蠢中國迷信干預島上各地的自然資源開採時，日本人對此幾乎毫不尊重。漸漸地，福爾摩沙人也學會了，他們的進步遠勝大陸上的親戚。比方說，幾年前日本人在臺北挖掘水井，這時工人意外挖掘到瓦斯。一位福爾摩沙老太太自然而然地認為它來自陰間，於是點起香燭祭拜。根據報導，她令人震驚的體驗治癒了不少輕率判斷、以為冥界力量永遠能用傳統方法安撫的人們。

直到今天，在福爾摩沙內陸高聳的山區發現的最珍貴資源是大量的樟樹。在華南地區，人們到處都能看到樟樹，但它們不是被光榮地隔絕在寺廟圍牆之內，就是在巨大的樹腳下蓋一座小廟，藉以表示這棵尊貴的樹有善神棲居，是神聖的。但福爾摩沙卻沒有如此厚道的迷信保護樟樹不被砍伐，因此日本人真正實現了樟腦專賣事業。臺灣的樟腦生產在兩百年前就開始了，但直到新統治者治下，這項絕佳的利潤之源才終於不再以散漫無序的方式而獲得開發。如今，每年向全世界供應的一千兩百萬磅樟腦中，有九百萬磅生產自福爾摩沙——日本內地提供兩百萬磅，僅僅一百萬磅來自中國和合成

製品。因此，當世人需要樟腦丸、眼影、香水或玳瑁梳子時，不論是否喜歡日本人或住在太平洋沿岸，都不難理解為何人們不得不對日本人卑躬屈節。

且讓我們老實地深入數據，看看全世界每年使用的一千兩百萬磅樟腦都用在哪裡。以下是日本官方的紀錄匯報：

賽璐珞生產	…………	600 萬磅
宗教用途	…………	200 萬磅
香水業	…………	150 萬磅
藥品用途	…………	100 萬磅
其他用途	…………	150 萬磅

換言之，倘若遠東各國敬奉神明不那麼虔誠，嗅鹽的價格還可以再降低很多——只要日本政府選擇這麼做的話。

參訪蕃地樟腦寮的行程，可經由福爾摩沙「外事課」的安排，正如那本興高采烈的旅遊指南如此寫道——「為了願意在蕃地冒險失去頭顱的旅客」。沿著福爾摩沙人苦力（在他們看來，被砍去腦袋沒什麼大不了的）推送著那些兩蒲式耳袋裝樟腦片的狹窄小道，不難聞的樟腦氣味刺激著路人的鼻腔，陡峭狹窄的道路岔口到處堆放著樟腦袋，等著由人力背負交給車輛載走。整棵樹被一種挖空樹幹的小斧頭切碎，以致腦片像被糖勺子挖出來一樣；小型推車（台車）裝載著這些樟腦下到鐵道上，而大量的腦片是在開採現場煮沸的，在主要由幾座彷彿中國式磚窯的土堆及夯土堆構成的腦寮裡，以竹管將山間溪水引進腦寮內，再由其他管道排出成品，然後將幾乎無色的樟腦油裝進美國汽油和煤油輸入東方所使用的同一種罐頭裡，運送到首府去。私人公司參與了有些危險的樟腦收集工作，但它們必須將全部的產品賣給政府，而且不得討價還價。不過，要保護腦寮不受獵頭族襲擊，就要仰賴政

府的警察及某些管理廳舍，因此它們或多或少具有官方性質。到了臺北的專賣局，看似雪堆（或更精準地說，像是在潮濕的日子裡取之不盡的純白砂糖）的精製樟腦安放在大箱子裡，樟腦味濃郁的空氣令人呼吸困難，也讓人對這些每次長達數小時來回鏟著樟腦的福爾摩沙人苦力之耐力驚嘆不已。

雖然有些福爾摩沙產品未必是專賣，但還是值得一提；除了獵頭族之外，還存在著其他危險，令這個美麗之島的生活蒙上陰影。比方說，島上有許多具攻擊性的毒蛇。一位生性無私的人編纂了一大本充滿彩頁、幾乎和真人一般大小的書，其中收錄了至今由新統治者發現的所有這些致命爬蟲，好讓不識字的人都能在逃跑時辨識它們；每張圖片下方還寫了被蛇咬傷時的解毒方法。不幸的是，福爾摩沙的藥房往往相距甚遠。白蟻會摧毀傢俱，留下一個看似華麗、內在卻如同人們在新年時下的決心一般空洞的外殼；有時洪水也會讓地勢低窪的臺北變得有如干治士湖一般。地震也過於頻繁，但只有新來者或異常膽怯的人才會在意。通常一天內會震個幾次，最近曾有一年記錄到九百次的地震。據說，「我們中午地震後見」是島上居民固定用來約會的句型——儘管它們還不夠強烈和頻繁，不足以讓酒保省下一些最要緊的力氣，就連在充滿茶葉出口氣息的臺北簡短走訪一趟外國俱樂部都能看得出來。話說回來，假如世界各地的首要危險就只是躲避失控的汽車司機，那也就沒有理由出門旅行了。

山 裡 的 獵 頭 族

將日本與菲律賓之間最重要的踏腳石命名為「美麗之島」，
其正當性無庸置疑。即使從海面上看去，它都是一個美麗的
島嶼；除了那些愚蠢到只要沿著馴化且有鐵道連接的西部平
原旅行就心滿意足的人之外，沒有任何旅客能在短短的一生
中遺忘它壯麗的內陸。一旦福爾摩沙決定在內地不遠處衝上
雲霄，它就從西部山麓突然聳立起來，青色的山脈層層疊疊，
山頂多半籠罩在雲霧裡，最高的山頂在隆冬時節覆蓋白雪，
爭先恐後地向上攀升，直到以新高山（Niitakayama，即現今
的玉山）——也就是外界所知的摩里遜山（Mount Morrison）
——為巔峰。這個日本帝國的巨人在海平面上方一萬三千英
尺處抬起頭來，即使幾乎不對下方的世界露臉，便能俯視任
何一個方向。它許多鄰居的海拔高度也至少有一萬英尺。然
後，彷彿它們向上攀升的野心突然消退一般，山脈急轉直下，
落入了下方太平洋蔚藍海水拍打的孤單峭壁。據說福爾摩沙
東海岸的懸崖是全世界最險峻的，在某些地方自水邊垂直高
聳六千英尺。

在壯麗的中央山脈和東部較小的海岸山脈之間，是一條出奇
狹長的縱谷，長度幾達島嶼的一半；在縱谷中央，日本人沿
著縱谷築成了一段國營鐵道。鐵道行經幾處種植園，將一些

不太重要的城鎮連結起來，但多半穿越半開化地區。縱谷以北未開化的地區，為興建環島鐵道的工程師帶來嚴重的問題。有兩條路徑可以橫越島嶼，一條在最南端，另一條則幾乎穿越島嶼中央，若少了大隊人馬護送就無法安全通過。數百英里的台車軌道在至少六個地點向內陸延伸，但都無法完全深入陡峭而野蠻的內陸，內地因屬禁忌之地而更加浪漫。

攀登阿里山是十分值得的旅程，那兒廣大的常綠樹林中有些已有一千五百年樹齡，如今因一條極其陡峻的小鐵道而獲得利用。巨大的木材由此運送下山，供應本地建築和外銷。不論旅人從任何地方進入內陸，都可欣賞非比尋常的美景，而且遲早會遇上真正的福爾摩沙人。要是這些原住民有幽默感，他們必定會嘲笑下面的世界，因為他們獨佔了山上令人神清氣爽的氣候，而那些自稱統治他們的可鄙小矮人，以及這些原住民所知道的，所有認為獵首這種娛樂太過於硬派，他們纖細的神經承受不住的娘娘腔人種，即使在令人委靡的盛夏，都只能安於海平面的平原上。日本人禁止旅人造訪這些自然之子，其藉口是旅人可能被砍下腦袋，這多少有幾分真實；獵頭族本身的名聲則證明了是更有效的禁制。可想而知，一位經驗豐富、足智多謀的探險家可能逃脫得了對他的福祉如此關照的日本警察所布下的網羅，但唯有靠運氣，或許還要有令人消除戒心的性情，或具有讓原住民親近的能力，才能解救他脫離任何山地居民所決定施予的處置，因為他一跨越警戒線，這些人必定會很快找到他。

手推台車載運著貨物，以及極少數行動不便或時間不足、無法自理交通的旅客，它是將五英尺平方的平台放置在四輪貨車上組裝而成。對一般旅客來說，在平台放上箱子或袋子充當座位，就可算是安排好了深入內陸之旅。當一個外國人受到招攬時，他別無選擇，只能搭上「頭等車」旅行，意思是他會搭上同樣的手推台車，但平台上豎立著藤編或竹條織成

的上層結構，如同有座位的崗哨一般，車費因此至少增加三倍。儘管幾乎不值這個價錢，但這種裝置有其好處。除非還有另一位乘客坐上頭等車——這似乎很少發生——這位尊貴的受害者獨自搭乘這種交通工具。台車沿著窄小的軌道，盡可能開到離他下榻的旅店最近之處，在他選擇出發的時刻接他；推車手比一般車夫優秀，因為期望獲得小費及偏好工作量比載貨更輕的雙重誘因。當另一輛車迎面而來，坐上頭等車的旅客可以不動聲色地坐在原處，由較低等級的乘客下車，推車手將車移到軌道邊，除非對向車從山上滿載著貨物而來，由於貨物無法任意搬動，屆時頭等車旅客也只能下車禮讓。

平原上最初幾英里的路程由一位推車手駕駛，此處的景色大致上與蒸汽火車的鐵道沿線相同——隨著季節不同而灌滿了水或稻穗搖曳的稻田，水牛三三兩兩，有的遲緩而笨重地從事份內的勞動，有的則從容地吃著墳頭或田梗上為數不多的青草，背上或許會有隻孤獨的黑鳥停留，或者有個慵慵無力、衣衫略顯襤褸的福爾摩沙青年全身伸直躺在上面，頭放在這隻沉著的動物頸上或臀上都一樣舒適。路途上偶爾見到村落或幾間店鋪，有些地方是分段點，旅人在此更換車輛和組員——將上層結構安裝在另一輛手推車上，由另一個人推車。

推車手都是福爾摩沙人，外貌很像其他中國苦力，但營養更充足，也不至於衣衫襤褸。剛從中國來的旅人很快就會注意到他們沉默寡言，缺少中國人的歡樂，彷彿他們一生都受到壓抑，或在順從的外表下隱藏著對所有異族的極度憎恨，不只是對正在統治他們的外族而已。除了職業所需的幾句話，他們不願與外國人交談。簡單來說，他們和海峽彼岸的中國人同胞不同，就像世界上被外族統治的民族與自認為獨立的民族不同。

最後，平野轉為坡道，而且坡度愈加陡峭，坡道間能讓推車

福爾摩沙原住民典型的住宅興建於海濱城市，引誘著觀光客前來住宿。

福爾摩沙內陸的原住民和獵頭者以板岩搭建家屋，有時以厚木板及其他石塊充填。

手和台車以舒適的速度滑行的下坡路愈來愈少。至此都很筆直的軌道在這時開始蜿蜒了起來，得尋求最不費力的上坡方式；當一座支椿橋或竹橋出現，並迅速地爬升到河對岸的某個城鎮，這時連頭等車的乘客也要下車，他因而有時間探索城鎮，在其行李沿著連接在軌道上的大圓圈轉過一輪之前。他的私人客艙轉乘的台車，這時由兩名推車手操作，因為上坡愈來愈陡，首先攀過愈來愈高的山麓，而後進入真正的山區，路途上每隔一段時間休息半小時，只有情感最麻木的人才不會下車走走。

沿途許多交會而過的貨車及幾乎所有的工程車，由男女兩人為一組搭檔而推動。若不靠近他們，幾乎不可能在這些福爾摩沙低地的鄉下人中辨別出男女，他們的穿著幾乎完全相同，都是寬鬆的外衫和小腿肚高的棉褲，頭上戴一頂樹葉和竹板編成的無邊帽。有經驗的人則會看出，這群人裡身形較豐滿、工作較不笨拙，走路時搖擺臀部且跨步略小一些的是女性。但有時人們卻能及時憑本能認出她們，無論在及膝的水田裡，或是在一群男女混雜的苦力間抬著上下起伏的轎子。但人們從來不願認真看待這個問題，直到她們近在咫尺，通常美好的外貌和明確的女性特徵，使得看法相左的人再無爭議餘地為止。從這些女子身上看不出任何受壓迫的樣子，其遭遇至少不比日本的鄉下女人更壞。她們有著壯實的身體和未經纏足的雙腳，身體素質與男人不相上下，那又何需屈居於男人之下？有時她們確實並未屈居在後，但仍不失女性的端莊。這才是真正的家庭伴侶關係，每一位推車手都有太太當隊友，或許太太背後還有全家人的支持，如此圖像才得以完整。

在更高處開始出現茶園，密集的矮樹叢很緊密地排列成行，延伸過丘陵和山嶺，山丘上偶爾有荒野被開墾的跡象，或許是燒掉舊有的樹林而產生耕地。大概在這裡，或是越過那裡的下一座峻嶺，就會看見三三兩兩的山地族人。他們在這麼

一對獵頭族半馴化的夫婦。

女人從事所有的搬運工作及其他大多數繁重工作，
世界各地的野蠻部族都是如此。

低的地方看起來一點都不危險，事實上是過於溫馴而友好。我遇見的第一位是個紋面老太太，她在軌道旁迎接我，彷彿見到了失散多年的兄弟，她差點就被人強行架開。

我停留過夜的第一處腦寮其實是個小鎮，有一名日本巡查部長駐守，還有幾家店鋪，以及一些或多或少順從文明的獵頭族人。有些人穿著日式服裝，特別是幾位年輕女性，她們似乎在替來自日本的單身男人看家。從這樣的腦寮出發，森林小徑在幾乎無法到達之處深入內陸，攀上文明人無法期待能找到去路的斜坡。弱不禁風地穿著鞋子的人，即使在最有利的條件下也很難走那樣的路；一旦下起雨來，像福爾摩沙山地經常大量降雨那般，就更不可能走了。但這些路徑帶領著不屈不撓、腳下有著抓地力的人們，攀過華麗的蕨類和如同我國北方林地一樣多的壯觀森林，來到一眼看出是「未開化」民族居住的偏遠聚落。在某些地方，這種低矮的小屋由生木板築成，更多時候是板岩砌成的，鄰近的支柱上築有一座貯存糧食用的小屋。在女人出外工作、種植更多糧食的時候，或許不能將糧食留在家中交由男人保管。即使在這個趨於文明的部族裡，人們還是會遇上只穿一件毛毯式單衣的青年，他們隨身攜帶弓箭、大腿上掛著一把半插在竹鞘中的大刀，似乎很輕易就能將任何一位脫離日本人保護範圍太遠的粗心旅人斬首。

隘 勇 線

福爾摩沙的三大山地部族，因官方出於人種學的理由及為了
自身的便利，又再細分成九個群體，此外還有一群生活在福
爾摩沙中國人與客家人之中，受到一般行政區管理的半開化
部族（即熟蕃）。最近一次人口普查估計原住民有十三萬
一六○九人，生活在六七○個大小村社中，但我猜測在一定
程度上並未實地調查。我們應當記住，某處幾乎無法接近的
小片林間隙地上三、四間小屋，在未開化人看來也可以算是
村落；他們可不會走進大都市。我對這人口數字末位精確地
落在「九」有所疑慮，特別是被列為「未歸順」的男性恰好
二九九九名，女性二七五三名。普查員有可能再發現或「計
入」一人，讓它成為整數，但這世上再也沒有任何人比日本
人更一絲不苟了，他們告訴我們，四萬七○一五位山地人如
今「已歸順，定居於行政區內」，還有七萬八八四二人「已
歸順，定居於行政區外」。最明智的旅人想必不會對用來描
述最後一群人的「歸順」二字太過當真。

這些部族內部又分為許多家族，家族之間的內鬥甚至獵頭都
有可能是正當的；他們擁有的土地即使沒有平整攤開，都佔
了全島一半以上，要是攤開了，面積還會大大增加。在三大
族群之中，臉部有青色紋面的兇猛泰雅人是最暴烈、最持久，

也最成功的獵頭者，他們大致掌控了未開化地帶的北半部。其他部族或許是因為身在南方，比較沒有活力，多少樂於接受文明薰陶。橫越島嶼中部危險的小徑以南，除了新高山山麓某些小部族仍偶有野蠻行徑，幾乎所有的部族都馴化了，如今只有泰雅族還持續在獵頭。對他們來說，獵頭是人生中最重要、最光榮的事。他們軟弱的南方鄰居則以農耕、合法狩獵、捕魚和養牛為主；但山地南半部的土地貧瘠，多數地方太過崎嶇而不適耕種，在阿里山和摩里遜山（即玉山）之外的地區，也大大缺乏木材。

在險峻的島嶼東部，鐵道縱貫其居住地區的阿美族，據說是九個部族之中人數最多的；既然好鬥又強悍的泰雅族混亂的領地尚未完全獲得探勘，關於這個主題也就不太可能做出定論。在泰雅族的心臟地帶有幾個群體從未與外界接觸，只有風聞而已。但泰雅領地有非常豐富的木材；愈是深入內陸，珍貴的樟樹可能就愈多也愈大；據說還有黃金——這一切最終無疑會為這些健壯的荒野之子招來毀滅的命運。即使積極進取的日本人不可能只為了如其宣稱欲統治全島而征服整個臺灣，但全世界還是少不了樟腦丸和香水，而樟樹又長得太慢，就連日本人深謀遠慮地規劃樟樹種植園，也無法拯救福爾摩沙山民不被毀滅，無論是經由戰爭，或是更緩慢卻同樣致命的屈服於文明。娘娘腔的不獵頭世界正在緩慢而確切地逼近他們；包圍著他們的警戒線（隘勇線，aiyu-sen）每年都在縮減他們的領地。

因為原住民已完全遭到圍困。隘勇線是一片開闊地帶，寬度約五十到一百英尺，翻山越嶺全面包圍未歸順地區。首先沿著山頂開闢一條道路，然後剷除道路兩旁廣大的植被，好讓守衛的隘勇可以看見原住民來襲，以及時防禦。這個體系從十八世紀中葉滿清乾隆年間便已開始，當時中國人出錢雇用「熟蕃」保護他們，防衛其他原住民的襲擊。但貪腐隨即猖

獗起來，中國人的事物大抵如此發展，直到移民們不得不自行花錢設置隘勇線，有時雇用中國人通稱（往往誤稱）的非正規「兵勇」，有時自行輪番守衛。同樣的事物仍存在於今日中國許多陷入無政府狀態的地區。政府的監督極少，有時甚至不存在，而且貪腐愈發嚴重。成為隘勇首領的人成功捍衛自己的財產，卻無暇顧及他人。到了日本人接管本島時，官方設置的隘勇已所剩無幾。他們首先認可這些半公共的隘勇，並給付薪資，但在鎮壓了低地的「福爾摩沙土匪」之後，他們就自行接管了控制原住民的任務，如今所有的隘勇都由政府雇用，是警察部隊的成員。

隘勇線長約三百英里，隨著日本人征服新領地以取得更多樟樹，或討伐某個太過無禮、令人忍無可忍的地區而不斷變動，原住民所擁有的產業也因此逐漸而確切地減少。由於所有原住民的幼稚輕信，日本人與未開化民族達成協議推進或「修正」隘勇線的情況並不罕見；但有時他們必須為此戰鬥。

戰鬥成為最後一種手段，是很危險的任務。尤其泰雅族山地天險的險峻程度，並不是待在家裡的人們所能想像和描繪的。那裡有陡峭的山坡，沿著隘勇線鑿出多達八百階的階梯，筆直的高度近乎數千英尺；有時以不太牢靠的橋跨越深谷——有一座藤條和鐵線搭建的吊橋長達四百英尺。飲水必須裝在竹筒中運上山頂，遠征所需的其他裝備也要搬運上山，這項工作不但艱難，而且危險；過去有許多苦力被殺害，如今搬運工也罕見志工，因此採用了逢十抽一的制度，來確保每個村莊提供所需的工人配額，即使他們的薪資在福爾摩沙算是豐厚的。有些熟蕃也可充當輜重搬運工，還有不少原住民擔任隘勇，島嶼南部多半是這樣，即使並非完全如此。天候和原住民同等兇險；突然起霧，傾盆暴雨，以及至少日本人感受到的「酷寒」，這些都阻礙了討伐作戰，但隘勇線上的守衛仍然一年到頭都在某地作戰。

除了身處相對安全之地的指揮官（巡查）之外，日本人隘勇如今非常少見，隘勇幾乎全是福爾摩沙人，也就是本島出生的中國人或熟蕃；根據最近的報導，按照等級與服勤時間的不同，他們每人每月可領到七到十五日圓不等，討伐作戰期間也有零用金，因公殉職時家屬也能獲得撫恤金一百圓。即使在日本統治之前，懸賞斬下敵人首級，誘使原住民部族自相殘殺的以夷制夷也是最常用的手段，蒐集頭顱的人可說也因此一石二鳥。日本人會告訴你這絕非政府的政策，而是「個別警察所作所為，完全違抗命令」——我們在朝鮮，乃至於我國在海地的綏靖部隊，[1] 都會聽到同樣的藉口。直言不諱的日本人坦承，獵頭族某些駭人的行徑是因為日本人或福爾摩沙人隘勇的行為不檢而引起的，尤其是普世皆有、行之已久的「調戲婦女」不當行為，像是數年前他們在一處邊境地區趁夜起事，殺光當地的日本人。[2]

一般情況下，由於南北兩區的性情不同，對暴烈的北方部族採取的是鎮壓策略，對更溫和的南方部族則以開發為主，儘管有時是鎮壓和開發雙管齊下。泰雅族和一切真正的蠻族一樣兇險，也同樣殘忍和勇敢；這些北方的紋面原住民在日本人到來之前，已經和中國當局交手許久，因此精於欺詐。他們和日本人達成協議，允許日本人進入新領地，然後對後者的樟腦蒸餾設施發動攻擊，有時甚至摧毀整個腦寮，包括屋舍及一切設施。當他們在隘勇線上某處「換蕃所」暢飲清酒之後，通常就會對自己的「恩主」刀槍相向，砍下後者的頭顱帶回部落作為節慶的紀念品。歷史上曾經發生過幾次「相當於」北美印地安人屠殺白人的事件。泰雅族摧毀整個福爾摩沙人村莊的事蹟人盡皆知；和泰雅族的一次戰鬥中，多達二七二名日本人及其助手傷亡——而在對原住民的戰爭中，死者人數遠多於哀號的傷者。當這些小誤會變本加厲時，日本人會採取兩種方式解決問題——派遣討伐隊，或者封鎖原住民，切斷他們和外界交易的管道，直到他們求和為止。藉

由後者的方法，日本人要求原住民重建樟腦蒸餾設備和屋舍，將整個腦寮恢復原狀。

沿著隘勇線，每隔一小段距離就有出入口，有幾間警察哨所和三到四名守衛。每四到五處哨所設置一處「監督分遣所」，由一名日本巡查、一名醫生或一兩位警官駐守。每四到五個監督分遣所由隘勇監督所的警部或警部補[3]管轄；當然，隘勇線上都有電話線可供聯絡。原住民只有在監督分遣所才獲准和外界交易，以物易物的交易則只有在原住民服從當局指示、回報各種部族事務等條件下才被允許。除了所費不貲、通常還損兵折將的討伐作戰之外，日本人唯一能夠有效懲治不聽話原住民的方法，就是剝奪他們以森林產品和野味換取渴望及所需之物的權利。若他們聽話守規矩，領主就會供給他們農具、種籽、藥品、醫療，在某些情況下甚至允許他們取得槍枝和彈藥。原住民或隘勇線外的居民未經特別許可，皆不得穿越隘勇線。對於需求極少、自然資源豐富，一切所需都能自給自足的未開化民族，這種經濟壓力仍足以令其俯首聽命。若非如此，除了「喪失顏面」或開戰之外別無選擇。

如同其他許多娛樂，獵首也是好壞參半，原住民非常清楚自己可能被砍下頭顱，因此他們是非常難纏的敵人。日本人興建了鑿有射孔的防彈碉堡，帶刺鐵絲網，設置了地雷和鐵絲圍籬，某些地點的鐵絲圍籬藉由溪流水力而通電；除了手榴彈，有時還會使用山炮和野戰炮；在東海岸有時還得出動軍艦鎮壓好戰的部落。通電鐵絲網十分惡名昭彰，但連那些對日本人不太友善的居民也認為日本人是為了自衛而使用的，而不是意圖消滅尚未被征服的原住民。然而，原住民也不是傻子。或許在十多年前這項設施初次安裝時，曾有一兩人觸電而死，但自然之子被火燒過之後就學會了避開火。如今他們在通電鐵絲網下方挖洞，或是架設竹梯跨越通電鐵絲網——他們是造橋專家，用來跨越高山深淵和激流沖刷峽谷的

藤吊橋和竹吊橋便足以證明——急需人頭的原住民會在夜深人靜時跨越或鑽過鐵絲網，或穿越一時無人看守的地點，攜帶著步槍（數量出奇充足）——或許長矛、砍刀般的長彎刀和細長的弓箭更為普及，埋伏起來準備襲擊目標。

然而，或許還有一種更現代、在其他許多地方已證明是有效的手段，可以不必動用武力征服福爾摩沙全境：酒類對原住民收效之快速，一如對於無法說服自己遵從禁酒令的美國人。據說在泰雅族中，甲醇幾乎和空氣一樣不受拘束，除了價格和副作用之外。傳聞日本人在山地並不堅持全面禁酒——倘若他們對部族間一定數量的獵頭事件不予嚴厲追究，只要這些部族嚴守不對隘勇線外的居民獵頭的禁忌，這或多或少也更符合人道。當部族人口減少後，山地就會愈快臣服，日本人就能取得更多的資源。臺灣的領有者在取得更多原住民產業的同時，也承諾為他們設立保留區。總體而言，或許他們處理這個局面與我們一樣公正、人道和有效，就像我們在聖多明哥（Santo Domingo）或菲律賓所做的那樣。

譯註
1. 一九一五到一九三四年間美國佔領海地，並在一九一六到一九二四年間佔領與海地同在西班牙島（Hispaniola）的多明尼加共和國，改名聖多明哥。因此下文也以美國對聖多明哥的統治做為對照項。
2. 例如一八九六年十二月發生在東海岸的「新城事件」，因為日軍守備隊調戲太魯閣族婦女，而導致原住民發動攻擊，殲滅十三名官兵。
3. 警部補為日本警察階級之一，位居警部之下、巡查部之上，相當於自衛隊一尉（上尉）至二曹（中士）間的階級。

頭 顱 的 作 用

有證據顯示，臺灣原住民與日本內地南方島嶼的居民有著血緣關係。久居福爾摩沙的日本人也坦承，他們無法光從外表區別獵頭族和他們自己的同胞。在西方人看來，山民的長相幾乎就是日本人，除了眼神更流轉一些、稍大一點，有著世界上真正蠻族特有的那種未馴化動物的野性。不只是外貌流露出與統治他們的民族系出同源，兩者的身材和體型也幾乎相同，由於他們在野外生活的經驗較多，或許更壯一些。許多人開始相信，他們和日本人同屬馬來民族，但因歷史緣故而朝著不同方向發展。兩者有可能是同族人，一同由南向北征戰，但這一支在福爾摩沙的山地天險中耽擱並且迷失了，從此變得狂野，或保存了野性，同時另一支的獵頭習性則轉變成更文明的方法。這樣的想法很引人入勝，也會讓「日本人的負擔」更加正當——他們只是要找回失散的兄弟。[1]

的確，我得多看兩眼才能認出，在泰雅領地一處前哨站的邊境學校（蕃童教育所）裡，身穿黑白格子和服制服的學童們並不像第一眼看到的那樣，而是直到最近為止、甚至如今仍在持續獵取鄰居首級之人的子弟。實際上，在二十幾個男孩之中有個男人，此人有權配戴成功獵人的鷹羽頭飾，年約三十，身材壯碩，眼中還帶著野生動物特有的那種眼神，他

一個福爾摩沙未開化部族的青年勇士，想要保住頭顱的人，
最好避免在遠離日本領主保護之處遇見他。

和六歲的兒子一起讀小學一年級。令我印象深刻的是，努力教導孩子可能是更加值得感恩的工作，如同那位身穿巡查制服的教師給我的印象。

作為放棄部族首要娛樂的第一步，在腦寮和種植園裡工作的原住民勤奮而順從；那些至少在青少年時代就被帶到平地的人，在學校就讀的成績中上，整體來說也是不錯的鄰居。事實上，我們應當拋棄以下這種怪異的觀念：某人的嗜好是蒐集同類的頭顱，而非集郵或收藏「古典名畫」（old-masters），因此他在很多方面都無法成為討人喜歡的人。我認識很多自詡文明的人，而我與其和他們一同出門露營，倒不如與我所見過最兇惡的獵頭者同行——只要我們對於我給自己頭蓋骨定下的過高價格這點取得一致意見。據說，醫生和教師若攜帶合適而醒目的證明文件，只要獲得日本人允許，就能在獵頭者之間安全地自由行動。那些取得許可或避開官方臨勇的訪客，若是直接去拜訪部族首領，並藉由愛撫兒童、照顧病人及其他禮貌舉止獲得歡迎，直到讓主人相信自己無害為止，就有很大機率將自己的頭顱平安帶回文明世界。但最好還是不要太過魯莽地冒險。雖然我對自己關於脖子的剖析這部分內容的實用性不抱幻想，但我在福爾摩沙仍有好幾次感受到，那些眼神銳利地令人不安、腰間佩帶大刀讓人憂心的健壯青年，以一種至少略帶垂涎的眼神盯著它看。不過這很有可能只是我疑心生暗鬼。

總之，他們不是壞人，只要你能夠忽略他們蒐集頭顱這點小小的癖好。比方說，他們是很好的司機；我們都認識一些足以成為優秀獵頭者的司機，而我們樂於將其他的司機工作交給福爾摩沙內陸最深處的部族。我先前已經提過，這些天真的山地之子有不少已經淪落為人力車夫，儘管我懷疑他們在車轆之間的奔走，還有沒有追逐或救回人頭時的那份熱情。我們也不該對他們太過嚴厲，因為這是非常老套的情節——

福爾摩沙山地部族一名日本化女性。

人們恐怕看不出來，
她的父親或許曾在板岩砌成的首級架上陳列了十幾個戰利品。

女人是一切問題的起因。看來沒有哪個自愛的山地女孩會嫁
給一個還沒取回首級證明自己男性勇武的青年；一旦孤單無
伴的生活太過悲慘不堪忍受，就連心地最善良的泰雅人也別
無選擇，只能鑽過或跨越電網，帶著武器和糧食，沿著隘勇
線來回巡曳，有時長達數週，直到證明男子氣概、光榮返家
的機會到來。的確，人頭在原住民生活的其他每個重要場合
都是必備的。一個小夥子還沒實現這項男性功績之前，不但
無法娶妻，也不能以成年人的身分加入部族「會所」；原住
民在每年秋天的播種祭都要準備新的頭顱，少了頭顱的話，
來年他們的神明就不會庇佑他們；無論何時舉辦任何宗教祭
禮，或舉行人生重要階段的儀式，都需要頭顱；部落成員發
生糾紛時，首先取回人頭的人會得到有利的判決；「首級架」
上擁有最多戰利品的人，自動成為部族首領。他們已經認定
這項習俗對他們的生存不可或缺，正如衣服和汽車對我們不
可或缺那樣。但誰能說，若是女人一開始沒有迫使他們開啟這
邪惡的習俗，他們在人生後段較不重要的時刻仍將屈服於它？

交通運輸如此昂貴，地球兩端相似的人們彼此難以聯繫，又
是多麼遺憾的事！不然福爾摩沙的獵頭者也許就能和習俗相
同的兄弟——亞馬遜河上游的希瓦羅人（Jivaros）共享頭顱，
或將原料消耗減半，或將成品倍增。因為希瓦羅人會去除頭
骨，將剩餘的頭顱縮減到柳橙大小，福爾摩沙人則不在乎皮
肉或最好看的容貌，只重視剛煮熟脫去皮肉的頭骨。它們被
安放在驕傲的獵人家門前「首級架」上或架中，首級架有時
只是筆直的竹櫃子，更多時候是板岩製成的櫥櫃，每個頭骨
各自放在一格之內，很像我們的郵政信箱；因此你在拜訪獵
頭族朋友時，就可以看出他在泰雅人的格局中有多大分量，
正如我國人民也能輕易看出有沒有寄給他的信，而不必妨礙
郵政局長為糖秤重或切碎口嚼菸。

但對福爾摩沙的某些部族來說，特別是隘勇線附近的部族，

生活確實變得痛苦而沉悶；他們在文明的無情壓迫下，不得不滿足於猴子的頭骨！我沒有立場陳述這些可憐的退化者娶到了怎樣的太太，但很容易就可以想見，部族的老人抱怨著年輕一代的窩囊，他們對「會所」說，在美好的往昔事情不是這樣的，男人在那時還是男人。日本人宣稱，他們的警察或軍隊曾一度在某個必要時刻幾乎踏破整個蕃地，並摧毀大多數的「首級架」。就這樣，藝術的紀念物總是在冷酷的征服大軍鐵蹄下受難！但更道地的原住民堅持重新開始蒐集頭骨，偶爾在痛悔當中被奪去頭顱成為戰利品的，則是日本人自己。仍然尊崇祖先之道的各部族還在彼此獵首；據人們所知，過去一年來至少就有三個福爾摩沙中國人被砍下頭顱，儘管日本人自稱過去十二個月安然度過，並未在肉體上丟失顏面。歷史上未曾記載福爾摩沙人對高加索人獵首的事件，或許是因為他們聽聞了西方世界近年來的所做所為，因此決定這些頭顱對他們沒有用處；或者是記錄不夠完整，因為人類對人類如此殘酷，以至於受害者幾乎沒有顏面報警。

譯註

1. 當時歐美的人類學研究是否將馬來人視為臺灣原住民與日本人的共同祖先，譯者所知有限，不敢妄論；但在一九三〇年代，日本開始將臺灣原住民改稱為「高砂族」、予以皇民化之際，不僅將高砂族名稱回溯至一九二三年昭和天皇在皇太子攝政宮任內造訪臺灣時向當局表示不應以「生蕃」一詞稱呼原住民，並與蓬萊仙島和高砂國傳說，以及豐臣秀吉接見高砂國使節的歷史，塑造出高砂族在血緣上與日本同源，歷史上也早有往來的認知。請參見傅琪貽（藤井志津枝），〈臺灣原住民族的近代日本國家認同（1935-1945）〉，臺灣日本綜合研究所，二〇一四年四月二日，http://www.japanresearch.org.tw/Column/Column_Fujii_110.html（二〇一八年十一月二日瀏覽）。芹田騎郎在終戰前夕進入能高郡武界地區擔任公醫，隔年三月被遣返日本，他認為泰雅族的「膚色較白，面相、骨骼幾乎和日本人分不出來」，也記下原住民的「祖傳故事」──他們告訴他其部分祖先自發源地「卡西卡西山」前往「東耶島」，後有人從東海的美麗島國「耶馬多國」（大和國）隨紅毛人（荷蘭人）一同回到部落，族人因視其為前去東耶的祖先後代而接納之。芹田因此認為泰雅族或許真的和日本人一樣發源於伊朗高原。請參見芹田騎郎著，張良澤編譯，《由加利樹林裡》（臺北：前衛，二〇〇〇），頁八三、一三三、一五九－一六〇。

泰 雅 族 和 雅 美 族

福爾摩沙原住民能夠種出優良的菸草，質量大勝日本總督府專賣局的產品；他們不分男女都抽菸，也用竹根製作菸斗，這種菸斗不像中國人常用的那種一體成型的長菸斗，倒是更像我們的玉米芯菸斗，斗身直立在一小根斗柄上。他們許多人都嚼檳榔；他們喜愛花生，用花生殼蓋滿了「會所」地板；他們種植一些稻米，種馬鈴薯更多，有辦法長久保存馬鈴薯的塊莖。他們低矮的房屋以茅草為頂，但通常以厚片板岩平放搭建起來，屋簷下有雕工精美的樑柱，屋前則有寬闊的陽臺或家族會所，以板岩或平坦的石頭鋪地，就像南海的石造平臺（paepae）。他們的廚具很粗糙，包括中國人廣泛使用的某些淺鐵壺，並在原木製作的臼中以木杵搗米或小米。對他們來說，傢俱是最無關緊要的問題，只要家族的「首級架」保存良好。他們以北美印地安人的方式將兒童揹在背上，幾乎全屬女人特權的其他重物載運，同樣也是用背負的方式，運用一種繞過額頭的「揹物袋」（tumpline）或頭帶，就像我們北美印地安人或全球各地眾多其他原始民族那樣。事實上，地球兩端的未開化民族竟有多少習俗極其近似，實在令人驚奇；有時他們看來簡直就像文明開化的兄弟一般欠缺原創性。

就連那些在腦寮附近閒晃、已馴化的泰雅獵頭族女性，臉上

也都刺有青色紋面，長斜線構成的兩條寬帶就像對稱的貓爪痕般，從嘴角和鼻邊延伸出去，在耳畔的頭髮裡消失。這讓她們看來與日本帝國另一端留著青色髭鬚的愛努女人出奇近似，儘管這兩個種族除了共有的野蠻之外別無關聯。有時下巴也有短短的刺青記號，通常有條由短短的水平線組成的縱列從額頭中央向下延伸。男人或年紀較大的男孩，從頭髮到鼻梁有一條由青色水平線構成的窄紋，而個人和部族對這種在臉上增補圖案的普遍風俗也有各自的變異。當少男或女孩必須紋面時，他或她在地上或葦席上躺平，通常由專家老太太用一種冷鑿和錘子將青色紋飾打進皮膚內。據說被紋面的人絕不能哭出聲來，在整個過程中，母親或某一類友人通常會自願坐在他或她身上。

部族的人穿著他們自己製作的服飾，因為山地絕非四季如夏，不像福爾摩沙那些未開化人屈服於文明軟弱之下的地區。絕大多數的時候，男人和少男都穿著一件從肩膀覆蓋到腰間的單衣，在寒冷或降雨的日子，則以看似蓋住全身的編織披肩包裹自己，如同人們常說的一絲不掛的浴客套著的圓筒。取回人頭的人在頭上配戴著鷹羽，有時以一種混合了帽子和便帽的頭飾覆蓋，但更常見的是不戴帽，長髮盤成各式各樣多少有些奇妙的髮型，依部族、個人虛華或距離節慶遠近而不同。包括那些來到腦寮的女人在內，女人們都穿著一種寬鬆的裙子，和一件腋下開口、顯出乳房外緣的纏腰斗篷。如同所有習於登山的人，男女都不穿鞋，長著粗壯而與其他腳趾分開的大拇趾。[1] 大多數泰雅美女都戴著看似人類牙齒的項鍊。男人和女人都對耳飾有很多想法，像是以竹管穿過打洞又拉長的耳垂，而且幾乎每個人都以其他野蠻人的裝飾方式打扮自己。有些首領夫妻的大禮服十分華麗。

位於壯麗的泰雅領地南方的平原，則較少受到獨立精神驅使，土地與人民引人入勝之處逐漸消失，最南方的人民成了純粹

的農民，其間設立了許多學校。有些人當上了巡查補，更有些人升任學校副教師（訓導），儘管他們只能以日語教學，而且唯有採用日本禮俗、接受日本觀點才會被視為文明人。島嶼南半部仍散布著一些小小的未開化部族，但大體來說，該處的綏靖已經結束，進入了開發階段。最南端的排灣族容貌比其他多數民族更為俊美，他們會製作粗糙的石雕肖像，看來有點像圖騰柱。他們把孩子放在用藤索懸吊於樹枝上的搖籃裡來照顧。有些人甚至拋棄了舊有風俗，蓋起了類似日式房屋的竹屋，受過一些學校教育之後，也往往將自己的服裝和征服者的服裝混搭。他們是很優秀的隘勇，但他們不久前仍保有分成一格格的「首級架」，他們也保留自己的會所，通常築成高懸於地面之上的高腳竹屋。

在福爾摩沙外海眾多離島之一的紅頭嶼（Botel Tobago，即蘭嶼），還有個極原始的種族叫雅美族。但一切總有終點，我在此懇請讀者為我豁免海上奔波之苦，讓我不必只為了完成這趟踏遍日本帝國某些角落的倉促旅程，而前往澎湖群島、千島群島、遙遠的雅浦島，以及最近才被迫效忠於天皇陛下的馬紹爾群島等地。[2]

譯註

1. 關於臺灣原住民在山間赤足行動的敘述，日本時代許多踏查報告都曾述及。例如地理學者田中薰在一九三三年（昭和八年）攀登南湖大山尋訪冰河遺跡的報告：「蕃女個個漂亮，可惜由於赤腳走路，她們的大腳趾都向外張開，我看到小石頭夾在趾縫之間的畫面，不禁大感慨惜。」引自田中薰著，楊南郡譯，〈南湖大山冰河遺跡踏查紀行〉，收入移川子之藏等著，楊南郡譯註，《臺灣百年曙光：學術開創時代調查實錄》（臺北：南天書局，二〇〇五），頁一六五－一六六。

2. 一八九四年甲午戰爭中清朝戰敗，一八九五年簽訂的《馬關條約》將澎湖群島割讓給日本。馬紹爾群島和雅浦島起初是西班牙東印度群島屬地之一，分別在一八八五年和一八九八年由西班牙出售給德國，第一次世界大戰期間被日本佔領，戰後由國際聯盟委任日本統治，受日本南洋廳管轄，第二次世界大戰後由美國託管。千島群島原屬於日本，一九四五年之後由蘇聯佔領至今。

「福爾摩沙」的由來

翁佳音（中研院臺灣史研究所副研究員）

一、美麗錯誤？幾個未曾深究的問題

「福爾摩沙，美麗之島」，這幾年來大概已成為歷史學科的老師與學生琅琅上口之句，一般臺灣歷史參考書或網路資訊，通常會這麼記載或介紹：自十六世紀中葉以後，遠東地區航運頻繁，當葡萄牙船員經過臺灣海面時，從海上遠眺，發現臺灣島上高山峻嶺、林木蔥綠，甚為美麗，於是高呼「Ilha Formosa」，葡萄牙文意即：「美麗 (Formosa) 島 (Ilha)」。由於葡萄牙人當時的貿易與殖民重心在中國澳門與日本，臺灣只是個路過的美麗景點，他們未曾登陸與探險。儘管如此，葡萄牙人所喊出的形容詞「Formosa」（福爾摩沙），後來卻成為西方人指稱臺灣地名的專有名詞。

上面一段文字與故事，我們似乎習以為常，多少已認定這是「歷史事實」的敘述。然而，追根究柢，這段臺灣文字「歷史」開頭，竟然有一半是靠推論，或憑美麗想像、誤解而來；其中還包括研究者未能深究外文文獻與比定地名，因而以訛傳訛。你相信嗎？

我們說十六世紀中葉以後，葡萄牙船員航經臺灣附近海面，驚豔島上高山林木之美，因而在船上高呼「福爾摩沙之島」，但遍查現存的外文文獻或檔案，卻很難發現有直接與明確的

證據。上面的敘述，連帶還引發一些問題，即：所謂十六世紀一五四〇至一五七〇年之間，網路上甚至有一五八〇年代的說法。進而更根本的問題是：福爾摩沙真的是由葡萄牙人首先叫起？葡萄牙船員讚歎山巒之美，究竟是從臺灣西海岸還是東海岸看到的？他們到底有沒有登陸臺灣？

事實上，自十八世紀以來，歐洲文獻中，歐洲文獻有關葡萄牙人與臺灣的史事記載，多少有些曖昧不清。例如，十八世紀初出版、荷蘭人牧師法連太因（F. Valentyn）所編輯的著名《新舊東印度誌》大部頭書裡就指出：葡萄牙與西班牙人比荷蘭人先到臺灣，並為臺灣命名，這是無庸置疑之事，但無法確定他們何時來臺，在臺灣做了些什麼。我手頭上有一冊一七七三年英國倫敦出版的《葡英雙語字典》影本，收有 Ilha Fermosa 詞條，它居然這麼描述：「位於亞洲，隸屬中國福建（Tokin）最令人矚目之島嶼，島上首都稱為臺灣（Tyowan）。一六三五年時，為荷蘭人從葡萄牙人手中奪去。然而，荷蘭人同樣也被國姓爺潰退，船上運載之金銀財寶為其所巧奪，支付給士兵。」兩種有名的文獻都曾誤解說葡萄牙人曾統治過臺灣，可見葡萄牙與福爾摩沙之間的關係，迄今仍存若干迷思，留給後來的研究者與讀者不少歷史想像空間。

二、十六世紀東亞航路上的臺灣島

十九世紀，特別是一八六〇年代以後，隨著大清帝國被迫重新開放外國通商、傳教，西方人除在臺灣從事「探險」外，一方面多少也開始整理十六世紀以來歐文有關臺灣的資料。有趣的是，迄今，所出版的各種語文文獻中，我們還是無法找到葡萄牙人船長、水手或者是探險家航經臺灣時驚呼本島為 "Ilha Formosa" 的直接記錄。

據目前所知，有一幅葡萄牙王室屬下非常傑出的製圖家洛

波·奧梅姆 (Lopo Homem, 1497-1572) 於一五五四年繪製的 Portolano 式海圖，圖上他把北回歸線以北的一狀如變形蟲之島嶼標名為 "I. Fremosa"。稍後，他同樣傑出的兒子 Diogo 更正為 "I. Fermosa"。這是一般所謂葡萄牙文獻最早有關「Formosa = 臺灣」的記錄。一般研究者因此認為，葡萄牙耶穌會士於一五四三年左右到日本，自此之後，葡萄牙船隻陸陸續續從澳門經過臺灣海峽前往日本，船長或水手途中一定會看到並記錄下這座臺灣美麗島嶼，奧梅姆父子參考了這些航海記錄而標誌在地圖上。遺憾的是，十六世紀葡萄牙遠東航海日誌原檔多已缺佚，難以輔證此論；而奧梅姆圖上繪於 Chincheo（漳州）與北回歸線以北的 Fermosa 島，若進一步與下面所引述的葡萄牙航海誌資料互相比對，則該島是否真的指臺灣本島或其中一大片地區，恐怕還是個疑問。無論如何，上述葡萄牙人驚歎美麗島的論述，經稍微仔細考察近人的各種研究著作後，我們發現，絕大部分是間接證據而「想當然爾」的結果。

有些論者認為，葡萄牙船員驚喊福爾摩沙的記錄，應該是十六世紀一五八〇年代，曾經充任葡萄牙船水手的荷蘭人林氏侯登 (J. Linschoten, 1563-1611) 在航經臺灣海峽時所寫下。可惜，這種說法一開頭便錯誤，因林氏侯登在印度臥亞（Goa）擔任大主教書記 (1583-1588) 期間，遊跡並未越過東南亞，他返國後想由北極到東亞，也未成功。有趣的是，這種誤解從十七世紀末以來就已存在。十六世紀一五九〇年代，林氏侯登回荷蘭後，確實將他在臥亞所收集到的葡萄牙與西班牙船員之秘密航海資料，翻譯為荷蘭文而編輯成一鉅冊的《東印度旅程導覽》，對後來荷蘭東印度公司（VOC）到亞洲，提供了不可或缺的情報。《旅程導覽》第五卷便收錄有關十六世紀中葉以後葡萄牙、西班牙人的航海日誌。可是，遍查從第三十章到五十四章有關臺灣海峽一帶的文獻，除了還是無上述歡賞美麗島的記錄外，連臺灣本島的名稱亦稍微撲朔迷離。

ITINERARIO,

Voyage ofte Schipvaert / van Jan Huygen van Linschoten naer Oost ofte Portugaels Indien

inhoudende een corte beschrijvinghe der selver Landen ende Zee-custen/met aen-
wijsinge van alle de voornaemde principale Havens/Revieren/hoecken ende plaetsen/tot noch
toe vande Portugesen ontdeckt ende bekent: Waer by ghevoeght zijn/niet alleen die Conter-
feytsels vande habijten/drachten ende wesen/so vande Portugesen aldaer residerende/als van
de ingeboornen Indianen/ende huere Tempels/Afgoden/Huysinge/met die voornaemste
Boomen/Vruchten/kruyden/Speceryen/ende diergelijcke materialen/als ooc die
manieren des selfden Volckes/so in hunnen Godts-diensten/als in Politie
en Huijs-houdinghe: maer ooc een corte verhalinge van de Coophan-
delingen hoe en waer die ghedreven en ghevonden worden/
met die ghedenckweerdichste geschiedenissen/
voorghevallen den tijt zijnder
residentie aldaer.

Alles beschreven ende by een vergadert, door den selfden, seer nut, oorbaer,
ende oock vermakelijcken voor alle curieuse ende Lief-
hebbers van vreemdigheden,

t'AMSTELREDAM.

By Cornelis Claesz. op't VVater, in't Schrijf-boeck, by de oude Brugghe.

Anno CIƆ. IƆ. XCVI.

《東印度旅程導覽》

由於國內學者未曾系統介紹這類航海誌，所以在此不厭其煩略述各章航路大要（以下文中括號內的頁碼，為第五卷書中頁數）：

第三十章（頁一六二－一九三）是葡萄牙人由澳門廣東沿海出發，到寧波（Liampo）、南京（Nanquin）之航路，是傳統中國沿岸的水路，因此未經過臺灣。稍可一語的是，到泉州時，提到有一山，謂與福爾摩沙山（Monte Fermosa）一樣美麗（頁一七八），可惜，福爾摩沙山不知指何地。第三十一章（頁一九三－二一一）為葡萄牙舵手（Stuerman）雇用漳州船（soma Chinchea），由寧波的雙嶼港（Syongicam）出航到日本九州、大阪等地。出海後幾天便見 Lequeo（琉球）島（頁一九六），但從其緯度已在二十九度，以及附近潮水為橙黃色，顯然不是臺灣的景象。

第三十二章（頁二一一－二二二）為另外一位（葡萄牙）領航員（piloot）所述，從澳門浪白澳開船沿中國海岸到日本平戶的航路。此行一開始沿著海岸經南澳到漳州、廈門（Chincheu）一帶，然後往東北東行駛，會看到位於二十五度、山非常高，成橢圓形（lanckwerpent）的 Lequeo pequeno（小琉球，以下此詞均用中文表示）島，離中國海岸有十八（葡）浬（頁二一二），然後再北東往日本。第三十三章（頁二二三－二二八），亦為葡萄牙領航員搭乘中國式小海船（soma）從澳門港道西側出航，沿南澳、廈門經小琉球往日本的航海誌。這篇航海誌提到他們航海四晝夜後看到中國領土外的小琉球，因在破曉時分船抵達南西方的岬角，故在離島外八（葡）浬下錨，折往中國海岸航行後再繼續往日本。又云：小琉球島山極高，島長十五－十六（葡）浬，亦即七、八十公里左右，島的北東盡端岬角（hoeck）位於北緯二十五‧五度。這裡，小琉球指臺灣本島的一大部分，應無疑義。

第三十四章（頁二二八－二三三），依然是澳門到日本的水路
誌。在這篇水路誌中，終於出現 Ilha Fermosa 一詞，可是卻不
太像是指臺灣本島！誌中說：經南澳、廈門後若順風相送，
翌日船員便可從船右舷看到小琉球島（東北）盡端與岬角，
以及福爾摩沙美麗島（Ilha Fermosa）境域的開端！第三十五章
（頁二三四－二三七），是葡萄牙人記述從澳門到日本長崎航
路中應注意的安全事宜，其中提到經南澳後的安全水路，是
廈門與澎湖（A Ilha dos Pescadores）之間的臺灣海峽（'t Canael）；
又云經福爾摩沙島後，可由北東直航到有馬海峽（Straet van
Aryma），福爾摩沙島顯然還不是臺灣本島，但究竟指何處，
似乎不是很清楚。

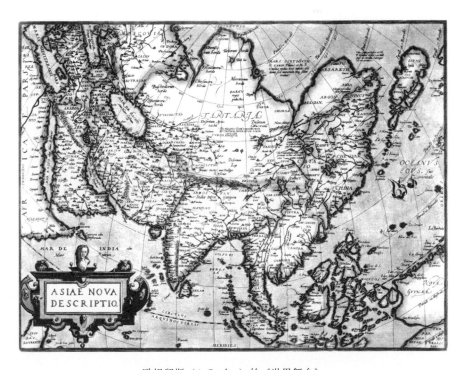

歐提留斯（A. Ortelius）的《世界舞台》

《世界舞台》局部

其實，不只前面幾章，連第四十二（頁二六一－二六二）與四十五（頁二七〇）兩章等葡萄牙人的航海資料中，提到臺灣本島，都是用小琉球名稱。三十六、五十四兩章是一位著名西班牙人船長寫，由澳門出航至日本，以及返回墨西哥之的水路誌。第三十六章提到經過臺灣島附近時，見 Ilha Fermosa 位於小琉球之旁，晚間船隻取二十五度，往北，北東等方向，翌日可看到 Fermosa 島的盡端。美麗島被形容成「橢圓形、無人佔領（leech）之島，中間為破裂、沖刷（geschuert），像是空曠之地」。不久，可看到位於 Ilha Fermosa 東南東的三王島（As Ilha dos Reijs Magos，即宮古等島，頁二四一）。如此，這個美麗島，與上述葡萄牙人所記無多大差異，都是指臺灣本島北部緊鄰之一島。也許，是指淡水河右岸的東北角或基隆的和平島。

然而，第五十四章的西班牙人航海誌卻說：船從澳門出發，經過白礁（Ilha Branco）後，往東南東行駛，準備開往一陸地，即澎湖群島（Os Baixos dos Pescadores），以及琉球諸島（d'Eylanden Lequeos）境界開端繼續行駛。東邊的諸島「被稱為福爾摩沙諸島（As Ilhas Fermosas），意即美麗諸島」；一位叫三泰（Santy）的漳州人告訴西班牙船長說，諸島位於北緯二十一‧七五度，沿岸有水深三十潯之處，但這艘船並未前往探看。西班牙船長這裡所說的複數「美麗諸島」，與上述單數美麗島不一樣，但由緯度來看，應該是臺灣本島沒錯。明乎此，西方刊行的世界古地圖上，臺灣大島有時被繪成兩、三島狀，也就不足為奇了。（可以想像的是，臺灣西海岸的淡水河、濁水溪與高屏溪寬廣河口，多少會讓航海人以為是分割的島嶼！）接著，他們航離美麗諸島約五十（西）浬後到琉球島（Lequeos），此時，三泰又告訴西班牙人：這裡有不少良好港口，琉球人像菲律賓土著，他們也駕小船運鹿皮、黃金等到中國沿海交易，他本人亦曾到該島九次云云（頁二八九）。顯然，這裡的Lequeos已經是講今日本沖繩縣的居民與島嶼，不過，這段常被引用的資料，往往被包括我在內的研究者誤解成是指臺灣與臺灣原住民。

上述西班牙船長就是著名的航海家 Francisco Gali（或稱 Galli、Gualle, 1539-1591），他於一五八四年受命尋找新港口，由中南美洲橫度太平洋到菲律賓，並由澳門經臺灣海峽到日本，後來又從太平洋返回美洲。他在航海誌所提到的 As Ilhas Fermosas ＝美麗諸島，反而比葡萄牙人更明確指臺灣本島。

三、一五八二年七月的一場臺灣船難

總而言之，從上述荷蘭人林氏侯登所收錄的葡、西航海誌中，的確找不到葡萄牙船員驚歎美麗島的資料；從這些文獻中，反而還可結論謂葡萄牙人對臺灣島，大部分稱為小琉球，他

們提到福爾摩沙島時，多是模糊地指臺灣本島北鄰之島嶼。直到一五八○年代，西班牙人才更明確將福爾摩沙用來指稱臺灣本島。那麼，還有無其他文獻可資證明葡人因讚賞命名？曾有學者推測，一五八二年七月中由澳門出航，十六日在臺灣某地遭風擱淺的一場船難，所留下文獻也許有直接證據，值得檢驗。幸運的是，該次船難，這幾年經學者重新整理後，可知留有以下三種一手史料：

(A) 西班牙出身的 Pedro Gómez 神父於一五八二年十二月三日在澳門寫給耶穌會友人之信（葡萄牙文）；

(B) 菲律賓馬尼拉西班牙人神父 Alonso Sanchéz 於一五八三年八月十五日所寫的〈船難述略〉（西班牙文）；

(C) 另外一篇更為詳細，卻為某些重要研究者誤解成一五六四年船難事件的葡萄牙耶穌會士 Francisco Pírez 記錄（葡萄牙文）。

三種資料中，提到臺灣本島名稱時，除（A）用小琉球之名外，（B）與（C）均以西班牙語稱為：Hermosa。（B）西班牙 Alonso Sánchez 神父〈船難述略〉，通常被認為是葡萄人為臺灣命名的文獻證據。然而，仔細閱讀〈述略〉內文，文中僅言：「航經臺灣海峽（golfo）途中，有一島名叫 Hermosa，此乃因從海上觀之，有高聳青翠山脈可愛之故。大約四十年來，葡萄牙人經此島與中國沿海之間航往日本，卻未曾登陸與進行調查」。遺憾的是，此段文字依然未直接與明確指陳「福爾摩沙」為葡萄牙人所冠稱，頂多只是提到約四十年前，即一五四二年後，葡萄牙人到日本豐後與種子島以來，葡船往還於澳門、日本之間，雖經過臺灣，卻宛如視而不見。

一五八二年七月的一場船難，不只後來史籍多有記載，當年

也算是一件轟動的新聞。從到麻六甲到澳門的利瑪竇（Matteo Ricci）亦得知此船難消息，記載道：「……過去一年多次發生船隻失事，特別在臺灣島外慘重損失了一船赴日本貿易的貴重貨物，差不多把該城當時的財富全部丟光。」這場船難，在臺灣史來說，其實也滿重要的。不只是四十年來「視而不見」的葡萄牙人終於被迫登陸臺灣本島，比荷蘭人還早；船難所留下的記錄，其實更反映了一些有意義的史事。以下就讓我們從上述三種資料來整理事件的大致面貌。

一五八二年七月六日，澳門葡萄牙當局議定派船載人貨前往日本。這艘預定出航的大船（gran junco; junco o navío），由 junco 一字可確知，並非當時葡萄牙人的歐式遠洋船、或「克拉克大帆船（nau、carraca）」，而是東洋常見的中國式遠海大帆船，亦即所謂的「戎克船（junco = Junk）」。該船船主或指揮官雖為澳門葡萄牙人，然而，操船者卻是異教徒船頭（mestre que era gentio），照當時情形，這位船頭大概是漳泉漢人舵工。此船將近搭乘三百名左右人員，乘客中，有上述的西班牙人 Pedro Gómez 與 Alonso Sanchéz 神父，以及葡萄牙人耶穌會 Francisco Pírez 等數位神父。船上乘員籍貫，除了這些葡、西人與漢人外，尚有馬尼拉土人、非洲黑人奴隸（cafre），也許應該還包括日本人等等。

此船由澳門出航後，旋即遭遇暴風所吹，途中又遇颱風或颶風（tufão），在海上飄盪三、四日，而於七月十六日晨衝撞到臺灣本島的蠻荒海岸。眾人千辛萬苦登岸後，進而選擇某條河流旁築草寮當臨時居所，並準備用原船木板另造船隻脫困。島上的原住民見船難，過來撿拾漂流的貨物，如布匹等。剛開始時，原住民試圖和平與船難人員進行交易，但雙方溝通有問題，互有殺傷。這些船難人員就在防禦狀態中待了將近七十五天，於九月三十日成功離開，返回澳門。

四、葡萄牙船難地點

這艘澳門葡萄牙人所使用的中國式帆船，到底在哪裡擱淺？迄今，史籍只是模糊的敘述。有人說在臺灣西南部，有人說在北西部海岸，可惜都未引用直接證據說明。也許這艘船是由漢人駕駛，無法如第二節歐洲船長一樣，留有航海日誌，讓我們可由日誌中所載船難的緯度與港灣特色，輕易判斷出現在地點。這次船難僅留下上述三種神父所寫記錄，我們只好退而求其次，從若干蛛絲馬跡來推測、想像船難的地點。

他們的帆船先經暴風吹離澳門沿海，七月十一日又遭颶風或颱風所吹，翌日則遇順風，繼續航往日本，但居然還走了四天才碰撞到臺灣本島的海邊沙灘，可見此次船隻航行並不順利。他們原先在帆船擱淺的海邊築草寮待援，當地僅有一小湖（pequena lágoa），且因水質太差，因此再遷到半葡浬（legua），也就是約兩公里半的一條淡水小河（ribeirinha fresca）之旁，準備利用破船木板另築一艘小帆船（junquinho）逃離船難之地，此外還築臨時房子、小教堂。後來他們聽說這裡離中國之境有十八浬（légoas），即九十公里左右。

這條淡水小河，海上潮汐可以進入，河水入海之前，有個小灣。漲潮或天氣好時，漢人的小形海船（soma pequena）可通過此灣。後來小帆船造好之後，他們就從這裡駛出，返回澳門。記錄又說溪河中可捉魚，附近有森林，可以捕鹿。所謂森林，由三種文獻參證，可知是指山上森林。他們臨時房子與造船之地，離此山山腳估計有一葡里，亦即約五公里之遠，中間為一片石礫之地；山頂偶而可見高聳於雲端，山上有不少樹木、有些地方為一大片草地，不少鹿隻棲息其間，其中有些體型頗大，原住民在此用槍矛捕鹿。Gómez 神父等人甚至爬到山上，豎立大型木十字架。

有關附近的居民，記錄說：當地無其他民族，只有原住民番社（aldeas），社與社之間距離約有三葡里之遙，常互相敵對。當船難人員登陸等候期間，番人曾一度駕駛以藤條（raízes como vimes）綁成的筏，載著米（aroz）、匏瓜（abobora）、無花果（figos）、鹹肉（carne salgada），甚至可能是熊掌等物品前來與他們交易，但雙方因溝通不良，或猜忌而失控，互有殺傷，遂不再往來。

由上面描述，可判斷船隻在海上遭風後，仍然在臺灣海峽一直往北行駛，Gómez 記錄上所謂的未與 cabeça 保持距離而遭致擱淺，cabeça 應該與第二節所述葡萄牙文獻中的海峽東北端，指北部某處突出、類似岬角之「頭」。進而，他們停留旁邊的「小河」，除有港灣外，九月中，可容納劫後餘生將近三百人的「小」帆船建造完成，在等候漲潮出航期間，繫在河邊的空船又遭風雨吹打，幸虧未被吹到海口，反而往回吹到離海稍遠，巨浪（rolo）無法損害之處。這段資料，可排除地點發生在基隆一帶。可搭乘兩三百人的空帆船被吹到離海口稍遠之河中還可停靠，在臺灣，恐怕只有北部淡水河有這個條件。進一步，暫時停留處與山腳有五公里之遠，似乎又可排除淡水河左岸的八里坌與觀音山。也就是說，一五八二年葡萄牙人的船難地點，比較有可能在淡水河口右岸，記錄中所說的山，也許是大屯山或七星山。

記錄中所描述原住民泛舟筏交易的景象，也符合淡水一帶早期原住民的經濟活動。畢竟十七世紀初的中文文獻已指出，雞籠、淡水原住民在明嘉靖末，亦即一五六〇年代遭「倭」焚掠，稍稍避居山後，漳、泉之人「往往譯其語，與貿易；以瑪瑙、磁器、布、鹽、銅簪環之類，易其鹿脯皮角」、「夷人（原住民）至舟，無長幼皆索微贈。淡水人貧，然受易平直」。F. Pírez 資料說，原住民因為常常說「Cateos」這個字，所以就稱他們為 Cateos 人。此字，與臺北平埔馬賽族語「katiu」

一字發音類同，是「走、行走」的意思。同資料又説：他們曾聽聞更南邊的本島一端（ponta da Ilha）有一港口（porto），有兩、三艘的漢人小船（soma）到那裡交易鹿皮。這個更南邊的港口，似乎可推測定成臺北市的艋舺（即今萬華）。艋舺成為島內外交易之地，時間應可更往前推。至少，在一幅荷蘭人製圖家 J. van Keulen 所製作、呈現大約十七世紀一六五〇年代臺灣的古地圖上，圖中淡水河進入臺北盆地，在艋舺一帶，即標名：Handel plaats（交易之處），正反映了這個隱晦的事實。

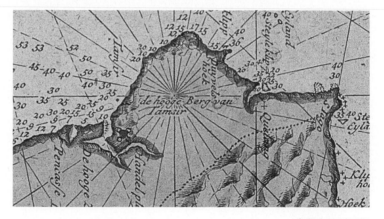

臺灣古地圖局部

五、歷史可以想像

從上面的論證，大抵可知「一五四〇年代葡萄牙經過臺灣海峽時，驚歎臺灣島之美，而命名為『福爾摩沙』」的歷史敘述，推論與想像成分稍多點。目前留存的可靠文獻顯示葡萄牙人絕大部分指稱臺灣本島為 Lequeo pequeno，反而是一五八〇年代的西班牙人才比較確定以福爾摩沙來指稱臺灣。

進而，由本文第二節所略述的葡萄牙人航海誌來看，當時葡

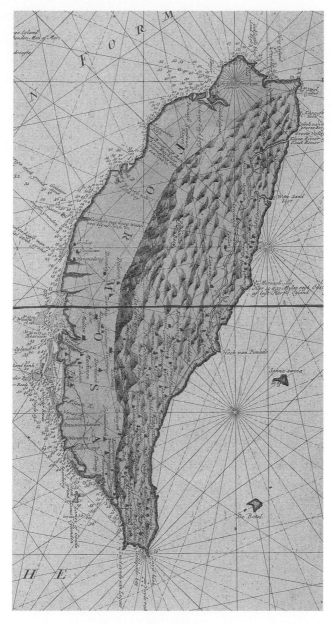

臺灣古地圖

萄牙人所走的澳門─日本航線，其實大部分為十六世紀漳泉人士的傳統東洋水路，即在臺灣海峽越過澎湖往東北，沿淡水、雞籠，經琉球到日本。這一方面說明：假如「福爾摩沙，美麗之島」真的是由葡萄牙人為臺灣冠上，那麼他們一定是看到臺灣北部的海岸之美。「經過臺灣東部海岸」的說法，當然不能成立。另一方面也說明：十六世紀歐洲古地圖上所標繪的東亞地點與地名，明代的漳泉海商與行船人提供了不少資訊。臺灣當時被稱為 Lequeo pequeno（小琉球），應該就是這個背景的反映。

結束前話稍離題一下。嚴格來說，有明一代，中國文獻或古地圖上所載之「大、小琉球」，大琉球指沖繩大概已無疑義。至於一般人認定為臺灣的「小琉球」，如果讀者肯多花一點時間涉獵當時各種文獻，讀史會充滿「驚異」：小琉球不一定是臺灣！為何葡萄牙人採用 Lequeo pequeno（小琉球）來標誌臺灣，倒是可以再重新研究。其實，在西班牙文獻中，臺灣還有個很古典的名稱。如一五七五年西班牙 Martin de Rada 神父的遊記中，提到 Tangarruan 島，此字很明顯是「東番」（Tang-hoan）的對音。此名依然是明末漳泉討海人所提供的訊息，臺灣是大明中國之外的外國。

無論如何，歷史想像力畢竟是歷史研究一個重要環節，如同葡萄牙船員驚歎臺灣是美麗島而命名的論說，想像之作成分居多，對認識臺灣往事，卻不傷大雅。同理，荷蘭人未佔領臺灣的很久、很久以前，臺灣已在世界史舞台上露臉；面對零星史料，應該容許歷史想像力來編織 History。一五八二年那場船難，以及神父所豎立的木製大十字架，地點是否真的在臺北淡水河岸，在大屯山或七星山上？本文無法蓋棺論定，還是保留給讀者想像與討論空間。西班牙佔領雞籠、淡水後，一六三二年時，文獻上提到淡水河附近有 Pantao（北投？）番社，番社頭目居然向西班牙神父耶士基佛（J. Esquivel）說：

他是很久以前銷聲匿跡的西班牙人之子。你要不要相信？我選擇相信。因為這樣，臺灣早期的歷史才比較有趣。

見聞・影像 visits & images 04

福爾摩沙・美麗之島：1910-20 年代西方人眼中的臺灣
Formosa the Beautiful; Glimpses of Japan and Formosa

作者	愛麗絲・約瑟芬・包蘭亭・柯潔索夫（Alice Josephine Ballantine Kirjassoff） 哈利・阿佛森・法蘭克（Harry Alverson Franck）
譯者	黃楷君、蔡耀緯
責任編輯	龍傑娣
美術設計	林宜賢
校對	楊俶儻、施靜沂
出版	遠足文化事業股份有限公司　第二編輯部
社長	郭重興
總編輯	龍傑娣
發行人兼出版總監	曾大福
發行	遠足文化事業股份有限公司
電話	02-22181417
傳真	02-86672166
客服專線	0800-221-029
E-Mail	service@bookrep.com.tw
官方網站	http://www.bookrep.com.tw
法律顧問	華洋國際專利商標事務所　蘇文生律師
印刷	崎威彩藝有限公司
初版	2018 年 12 月
初版三刷	2022 年 9 月
定價	360 元
ISBN	978-957-8630-93-2

國家圖書館出版品預行編目 (CIP) 資料

福爾摩沙.美麗之島：1910-20 年代西方人眼中的臺灣 / 愛麗絲.約瑟芬.包蘭亭.柯潔索夫,
哈利.阿佛森.法蘭克作；黃楷君, 蔡耀緯譯 .-- 初版 .-- 新北市：遠足文化, 2018.12
　　面；　公分 .--（見聞.影像；4）
ISBN 978-957-8630-93-2(平裝)

1. 臺灣史 2. 臺灣遊記

733.21　　　　　　　　　　　　　　　　　　　　　107021257